Pierluigi Romeo di Colloredo Mels

DA SIDI EL BARRANI A BEDA FOMM 1940- 1941

LA CAPORETTO DI MUSSOLINI

ISBN: 9788893274173 prima edizione Febbraio 2019

SPS-049 - Da Sidi el Barrani a Beda Fomm 1940-1941 - La Caporetto di Mussolini
by Pierluigi Romeo di Colloredo Mels.
Editor: **Luca Cristini Editore per i tipi di Soldiershop serie Storia** - Cover & Art Design: L.S. Cristini.

Pierluigi Romeo di Colloredo Mels è nato a Roma nel 1966.
Archeologo e storico militare, è autore di numerosi lavori sulla storia delle due guerre mondiali e dei conflitti del periodo interbellico, Etiopia e Spagna, e delle unità della MVSN argomento del quale è considerato uno dei maggiori esperti a livello internazionale. Tra i suoi lavori ricordiamo Luigi Cadorna. Una biografia militare; Camicia Nera! Storia delle unità combattenti della Milizia Volontaria Sicurezza Nazionale dalle origini al 25 luglio, Südfront. Il Feldmaresciallo Albert Kesselring nella campagna d'Italia 1943- 1945. Il suo ultimo lavoro è Il Duca della Vittoria. Armando Diaz e la Relazione Ufficiale su Vittorio Veneto. Ha curato la riedizione di F. T. Marinetti, Il Poema africano della divisione 28 Ottobre, B. Pace, Tembien, A. Soffici, Kobilek. Diario di battaglia.
Collabora con le riviste Nova Historica, Storia in Rete, Ritterkreuz e Il Primato Nazionale.

AVVERTENZA.

Citazioni ed illustrazioni sono state inseriti per motivi di documentazione nel pieno ri-spetto del dettato dell'art. 70 della legge n.633/1941 *Il riassunto, la citazione o la ripro-duzione di brani o di parti di opera, per scopi di critica, di discussione ed anche di inse-gnamento, sono liberi nei limiti giustificati da tali finalità e purché non costituiscano con-correnza all'utilizzazione economica dell'opera.*
Tutte le immagini riprodotte sono di pubblico dominio ai sensi della succitata legge 633/1941 e successive modificazioni. le fotografie prive di carattere creativo e le ripro-duzioni di opere dell'arte figurativa divengono di pubblico dominio a partire dall'inizio dell'anno solare seguente al compimento del ventesimo anno dalla data di produzione (art.92). In accordo al testo di legge, tali fotografie sono: *immagini di persone o di aspet-ti, elementi o fatti della vita naturale e sociale, ottenute col processo fotografico o con processo analogo, comprese le riproduzioni di opere dell'arte figurativa e i fotogrammi delle pellicole cinematografiche.*
Tutte le illustrazioni sono della collezione dell'Autore.

INDICE.

L'ARCO DEI FILENI, ERETTO DA ITALO BALBO AL CONFINE TRA TRIPOLITANIA E CIRENAICA (DISEGNO DI KURT CAESAR, 1941. COLLEZIONE DELL'AUTORE).

PREMESSA.

Ma cosa c'è dunque che non va in quest'esercito se cinque divisioni riescono a farsi polverizzare in due giorni?

(Galeazzo Ciano, *Diario*, 11 dicembre 1940).

La sconfitta subita in Egitto e Cirenaica dall'esercito del Maresciallo Rodolfo Graziani, culminata nell'annientamento della 10a Armata a Beda Fomm nel febbraio del 1941, costituisce la più grave disfatta dell'esercito italiano nel corso della propria storia, peggiore anche di quella avvenuta il 24 ottobre 1917 in conca di Plezzo ed a Tolmino e passata alla storia con il nome di battaglia di Caporetto. Ma come per Caporetto, il Regio Esercito, lungi dall'essere sconfitto, si riprese subito anche e soprattutto grazie all'aiuto del Terzo Reich ed all'esempio fornito dalle unità del *Deutsches Afrika Korps.*
Dopo Caporetto venne il Piave, e dopo Sidi el Barrani, Bardia e Beda Fomm vennero Bir el Gobi, Tobruk e Gazala.
Ad ogni modo, per l'Italia la sconfitta in Cirenaica costituì un duro ridimensionamento e la fine della *guerra parallela*, con la subordinazione strategica al Reich tedesco.
La campagna iniziale del conflitto italo- britannico nell'Africa Settentrionale è stata messa in ombra tanto in Italia- dove si voleva far passare in secondo piano la disfatta di Graziani alla luce delle prestazioni ben superiori dei nostri soldati, anche in situazioni di inferiorità- che nel Regno Unito dagli avvenimenti successivi e dal mito di Rommel; e a parte alcune notevoli eccezioni, le opere sull'argomento risentono di un notevole provincialismo: spesso nelle bibliografie di tanta storiografia britannica sono indicati solo e soltanto fonti britanniche, ovviamente di parte, spesso velatamente razzista e riflettente la propaganda bellica che vedeva gli italiani come vigliacchi pomposi ed arroganti pronti ad alzare le mani, e lo stesso avviene in quella italiana che oscilla tra il giustificare la sconfitta e l'attribuirla alle sole colpe di Mussolini o di Graziani e di una reale o presunta impreparazione bellica italiana.
Analizzeremo sia gli aspetti militari che politici della campagna, senza volere per forza emettere dei giudizi personali, che peraltro pensiamo siano evidenti dalla stessa esposizione dei fatti narrati.
Caporetto, abbiamo detto. E ci furono infatti episodi che ricordarono l'infausto autunno del 1917, non solo per la presenza dei coloni italiani profughi dalla Cirenaica, ma anche per il diffondersi di panico e del crollo del morale.
Ricorda Mario Tobino ne *Il deserto della Libia*, in pagine che la carità di patria non può far dimenticare:

(Senza data.) – Le autoambulanze che venivano dalla Cirenaica dopo l'abbandono, erano tempestate di croci rosse, di bandiere internazionali della sanità; sopra il tetto altra enorme croce rossa.

Erano guidate da un uomo bruno con dentro gente sanissima che aveva paura. Arrivavano a Tripoli a tutte le ore, in quei tre giorni di arrivi dei fuggitivi; e le bandiere di autoambulanza, quegli occhi e volti che si vedevano dentro, quei cassoni polverosi e sberciati, raccontavano la storia dei venti anni.

Quella gente, dopo che era scesa sul suolo sicuro di Tripoli, non smetteva di aver paura, e pensava ad altri piani di fuga. Il negro ormai si era liberato e urlava in loro senza ritegno. Le labbra tremanti, quei gesti da commediante filodrammatico, quelle voci che raccontavano descrizioni inesistenti. Sempre si udiva la parola: scappare.

(Poi, quando cominciarono a sbarcare i tedeschi tutti i negri tornarono immediatamente eroi. Pochi secondi dopo l'arrivo dei tedeschi si dimenticarono immediatamente della fuga; ma nei sogni ogni notte riappariva.)

Arrivavano gli eroi, le bandiere, i fumi, gli schiamazzi. Avevano sulle gambe, nel sedere, milleduecento chilometri.

Io ero a Tripoli. All'ultima tappa. Appena arrivati domandavano la strada della Tunisia.

La fuga è una voluttà, volevano continuarla. Sembrava volessero fuggire tutta la vita.

E moltissimi arrivavano all'ospedale.

Io ero appunto medico della Bu-setta, dell'ospedale militare di Tripoli. Vidi autoambulanze stipate di aviatori, che, mi raccontarono, erano fuggiti dalla Cirenaica verso Tripoli, in autoambulanza, e cioè via terra, e non su gli aeroplani, che ancora ve n'erano, perché volare era pericoloso.

La caccia inglese era più veloce, li avrebbe potuti raggiungere e uccidere, mentre invece fuggire sulle autoambulanze, con le croci rosse dipinte, era più sicuro.

E così arrivarono i pochi altri, perché il così detto "fugone" lo fecero in pochi.

Si videro soldati feriti alla testa, perché la testa l'avevano battuta fogosamente montando sul camion che fuggiva, infatti per fuggire c'era il combattimento per il posto sui camion. E poi una volta saliti, via, per centinaia e centinaia di chilometri. E arrivati a Tripoli non si volevan fermare. C'era da credere che le nebbie fossero spazzate una volta per sempre, passata quella paura; ora avrebbero cominciato a vedere con occhi mondi la realtà, e la loro realtà. Invece non fu così. Intanto dunque arrivavano a Tripoli tutti coloro, pochi, che erano riusciti a sfuggire all'accerchiamento, pochi perché i più furono regolarmente accerchiati e i diversi non tentarono nulla per sfuggire all'accerchiamento inglese poiché erano lieti di divenire prigionieri e finalmente smetterla col deserto, del quale erano stanchissimi, e poiché ugualmente erano stanchissimi di quella confusione che non capivano bene quale e perché ci fosse, ma che pure sentivano esistente[1].

Difficile giudicare come un esercito di 150.000 uomini abbia potuto lasciare in mano ad un nemico forte di 36.000 unità ben 133.298 prigionieri, 420 carri armati, 845 cannoni e 564 aeroplani nell'arco di due mesi esatti, dal 9 dicembre 1940 al 9 febbraio 1941, subendone l'iniziativa strategica e la superiorità morale, soprattutto alla luce delle prestazioni del Regio Esercito dal marzo 1941 al maggio 1943 con armamenti via via sempre più datati di fronte ad un avversario al contrario sempre più forte.

Ci limiteremo pertanto ad esporre i fatti, riportando nel testo i documenti delle due parti, le lettere scambiate tra Graziani e Roma, i rapporti ufficiali, i bollettini del Comando Supremo che servono ad illuminare la scena su cui si svolse la pagina più oscura- e dimenticata- della storia militare dell'Italia unita.

---

[1] M. Tobino, *Il deserto della Libia*, Milano 2011, pp.86-87.

IL PORTO DI TRIPOLI
(DISEGNO DI KURT CAESAR, 1941. COLLEZIONE DELL'AUTORE)

LA MORTE DI BALBO E LE PRIME FASI DELLA GUERRA.

Allo scoppio della guerra gli italiani in Libia dovevano fronteggiare le forze francesi della Tunisia e quelle britanniche dell'Egitto; ma dopo l'armistizio di Villa Incisa all'Olgiata tra Italia e Francia, le truppe francesi in Tunisia e in Algeria venivano smobilitate. Il settore ovest perdeva di importanza ed Italo Balbo, Maresciallo dell'Aria e Governatore della Libia, poté concentrare nel settore cirenaico le migliori truppe a sua disposizione, anche perché le truppe britanniche durante la prima settimana di guerra erano penetrate oltre confine catturando alcuni ufficiali italiani dislocati in presidi isolati.

Il 20 giugno Italo Balbo telegrafò a Badoglio il seguente dispaccio:

Caro Badoglio, tu sei perfettamente al corrente della nostra situazione in Libia orientale e non ho bisogno di spendere parola per illustrartela: i nostri carri d'assalto, ormai vecchi e armati solo di mitragliatrici, sono ampiamente sorpassati; le mitragliatrici delle autoblindo inglesi li crivellano di colpi passano allegramente la corazza; di autoblindo non ne abbiamo; mezzi anticarro, per la più parte di ripiego; quelli moderni difettano in genere del munizionamento adatto.

Così il combattimento assume il carattere della carne contro il ferro, il che spiega anche troppo bene qualche episodio, fortunatamente di poca importanza.

Ti ho informato dei provvedimenti presi; ho spogliato la V Armata di truppe e di mezzi e la situazione è in via di miglioramento. Ora che la guerra in Francia volge al termine sarebbe possibile ottenere dai tedeschi per la Libia una cinquantina dei loro magnifici carri armati ed altrettante autoblindo? Costituirebbe la punta d'acciaio dell'offensiva che vogliamo condurre contro l'Egitto. Questa nostra offensiva potrebbe svilupparsi contemporaneamente all'attacco contro l'Inghilterra; il fronte libico – egiziano è il solo in tutto il mondo ove gli inglesi possono essere attaccati direttamente, su di un obiettivo di primo ordine – canale di Suez – ed il sicuro travolgente successo, quando avessimo un po' di mezzi corazzati e blindati, avrebbe una portata materiale e morale di primo ordine. Mostra questa mia lettera al Duce.

Ovviamente la richiesta di carri tedeschi e di autoblindo rimase lettera morta.
La situazione tattica dell'Africa Settentrionale Italiana rimaneva tuttavia grave a causa della mancanza di rifornimenti dall'Italia. Del resto, lo stesso Balbo aveva detto al Duce, l'11 maggio, che

Con l'aumento di 80.000 uomini, la proporzione tra le truppe ai miei ordini e le avversarie sarà di uno a due [Balbo considerava anche le truppe francesi, ndA], ma la cosa ha poca importanza: non è il numero dei nemici che mi preoccupa, ma il loro armamento. Oggi la più bella legione di Cesare soccomberebbe innanzi a una sezione di mitragliatrici.

Oltretutto i britannici cominciarono a tormentare i presidii italiani di frontiera con incursioni di autoblindo Rolls Ryce: si ebbero così nei primi giorni di guerra l'eliminazione del presidio della Ridotta Capuzzo il 14 giugno, la cattura del Generale Lastrucci, comandante del Genio della 10ª Armata e, più grave, l'annientamento della colonna D'Avanzo avvenuto il 16 giugno. Certamente tali azioni vanno valutate come punture di spillo nel dispositivo italiano, eppure furono queste punture di spillo a mettere in evidenza tutta una serie di mancanze dell'apparato militare italiano in Cirenaica, oltre a provocare un abbassamento del morale.

I primi scontri alla frontiera si prestano ad una serie di considerazioni sulle forze italiane. La truppa si batté tenacemente contro gli inncursori, e la causa dei loro rovesci risiedeva nella generale mancanza di automezzi nel dispositivo italiano, ciò che rendeva difficile l'applicazione di una difesa mobile e costringeva gli italiani a rimanere ancorati ad una difesa statica per singoli capisaldi che puntualmente venivano sopraffatti da forze motorizzate.

Il vantaggio numerico degli italiani era pertanto annullato dalla maggiore mobilità delle forze britanniche le quali riuscirono ad ottenere di volta in volta una superiorità locale contro i vari capisaldi italiani; anche il confronto tra mezzi corazzati era a sfavore degli italiani: la distruzione della colonna D'Avanzo ne costituisce l'esempio più lampante. Gli italiani erano equipaggiati, in quel caso, con carri veloci L3 (CV33), armati di due mitragliatrici da 8mm e debolmente protetti, mentre i britannici disponevano di carri forse non eccelsi, come i *cruiser* A9, ma sicuramente più armati.

Il Maresciallo Balbo iniziò immediatamente a prendere provvedimenti per arginare l'intraprendenza inglese spostando truppe e materiali dalla Tripolitana alla Cirenaica.

In un telegramma diretto allo Stato Maggiore Generale, Balbo ridimensionò i propagandati successi delle pattuglie beritanniche oltre il confine libico:

Vedo bollettino inglese e francese che racconta allegre frottole continuamente. Raccolgo in questo momento episodio bellissimo. Piloti di nostri carri armati crivellati dalle mitragliatrici trapassata corazza benché morenti si difendevano ancora. Ricordo episodio piccolo presidio Esc Schegga che per tre giorni resistette benché circondato. E' tale timore che incutono questi nostri soldati e barbarie nemica che inglesi invece di raccogliere ufficiali gravemente feriti entro nostri carri li hanno finiti con bombe a mano. Comunque prima fase di sorpresa è superata. Se non vogliamo che i bollettini inglesi continuino su tono sempre più baldanzoso occorrerà nostri bollettini siano più eloquenti.

Causa prima di tale situazione vanno considerati senza dubbio i primi ordini emanati da Badoglio, e la mancanza di iniziativa che ne conseguì a facilitare le scorrerie britanniche sul confine cirenaico, con la conseguente demoralizzazione di truppe e comandi, già preoccupati da allarmistiche informative del S.I.M. che davano le forze nemiche più consistenti e pericolose del reale, idee contro le quali Balbo tentò di lottare anche dal punto di vista del morale, dimostrando che gli incursori britannici non erano invulnerabili, ed arrivando a catturare personalmente un'autoblindo il 21 giugno a Bir el Gobi: dopo aver avvistato l'autoblindo Rolls Royce m.24 durante una missione con il suo SM79 avBalbo scese immediatamente a terra mentre il secondo pilota Ottavio Frailich ridecollò subito sorvolando lil blindato, poi catturato dalle truppe di terra coordinate dallo stesso Maresciallo dell'Aria.

È ormai accertato che sul fronte egiziano la nostra superiorità numerica rispetto ai britannici era di 5 a 1, anche se l'organizzazione tattica e logistica e l'addestramento delle truppe lasciavano parecchio a desiderare rispetto a quelle avversarie. La Regia Aeronautica e la Regia Marina erano anch'esse più moderne e potenti di quelle avversarie.

Il ventotto giugno 1940 l'aereo sul quale viaggiava Balbo venne colpito dal fuoco della contraerea italiana del porto di Tobruk.

Balbo quel fatale 28 giugno si levò in volo da Derna per raggiungere il campo di Tobruch. La formazione era composta da due Savoia Marchetti SM 79, uno pilotato da Balbo e l'altro, che si salvò, dal maggiore Felice Porro.

A bordo dell'aereo di Balbo c'erano il maggiore Ottavio Frailich, il capitano Gino Cappannini, il maresciallo Giuseppe Berti. Oltre all'equipaggio erano a bordo anche il maggiore Claudio Brunelli, i tenenti Cino Florio e Lino Balbo, il Console della Milizia Enrico Caretti e il già citato capitano Nello Quilici.

Verso le 17,30, in prossimità dell'aeroporto di Tobruk Balbo vide due colonne di fumo dovute a un bombardamento inglese avvenuto pochi minuti prima. Dette l'ordine di atterrare ma senza avvisare a terra.

Il SM79 del Maresciallo dell'Aria venne scambiato sia dalle contraeree a terra, sia dall'incrociatore *San Giorgio*, sia dal sommergibile *Marcantonio Bragadin*, per uno degli aerei inglesi che avevano effettuato il bombardamento, e colpito. Secondo alcuni la raffica micidiale fu sparata non dal *San Giorgio* ma proprio dalla torretta del sommergibile, che in seguito ripartì in fretta.

Le Batterie contraeree riempiono il cielo appena tornato calmo sopra Tobruk. I pezzi da 100/47 del San Giorgio proiettano shrapnel a secchiate, le mitragliatrici Breda delle postazioni anti-aeree tutto intorno al porto sparano traccianti all'impazzata. Sono tutti diretti sull'indifeso e solitario trimotore che si avvicina in pace e che non ha alcuna radio a bordo. Non lo prendono. Nessuno a bordo si accorge inizialmente, ma poi abbassandosi sulla pista i colpi si avvicinano, il bersaglio si rende nitido. I colpi lo raggiungono. I motori vengono avvolti dalle fiamme, le ali si lacerano e la palla di fuoco si schianta a terra senza lasciare superstiti. Italo Balbo è morto[2].

Lo sgomento in Italia e nelle colonie fu enorme: fu dichiarato il lutto nazionale e Balbo e i suoi commilitoni furono portati in corteo a Bengasi e poi a Tripoli, dove fu sepolto e dove rimase fino al 1970, anno in cui, in seguito all'avvento al potere di Gheddafi, le spoglie furono traslate in Italia e portate a Orbetello, dove tuttora Balbo riposa.

Gli successe il più noto dei generali coloniali; il Maresciallo d'Italia Rodolfo Graziani.

Quando il Maresciallo Graziani atterrò a Castel Benito, l'aeroporto di Tripoli, si mise subito all'opera per riferire ai superiori le deficienze da lui riscontrate in Libia.

Sotto la guida di Graziani,nell'estate del '40 gli italiani organizzarono forze autocorazzate leggere attraverso le quali rintuzzarono man mano l'aggressività dei britannici. Nel frattempo la 10ª Armata cominciò i preparativi in vista di un offensiva in Egitto.

Graziani aveva ricevuto l'ordine di attaccare l'Egitto il quindici luglio. Balbo era morto il ventotto giugno e già ventinove giugno il Maresciallo d'Italia era già sulla

---

2http://www.storiediguerra.eu/2017/03/01/italo-balbo-lultimo-volo-del-calabrone/

"quarta sponda"; i tempi per un'offensiva erano strettissimi. L'attacco italiano contro le postazioni inglesi era reso necessario, come aveva scritto Badoglio a Balbo il ventisei giugno 1940, *perché non vogliamo restare alla conclusione della pace a mani vuote* .

La Germania controllava direttamente o indirettamente tutta l'Europa centro- occidentale, e dopo la sconfitta francese, le divisioni tedesche si stavano concentrando nella zona di Calais, nella Francia Settentrionale per l'operazione *Seelöwe*. L'invasione dell'Inghilterra sembrava cosa risolvibile in poche settimane per le forze del Terzo Reich. Mussolini dunque ritenne opportuno attaccare in Egitto, unico fronte "terrestre" rimasto all'Inghilterra.

Le ragioni politiche prevalevano sulle altre d'ordine militare.

Quando Graziani chiese al Capo di Stato Maggiore di Balbo, il gen. Giuseppe Tellera, quali fossero i piani del Maresciallo dell'Aria per un'offensiva contro l'Egitto, questi rispose che non esisteva alcun vero e proprio piano:

Si trattava solo di idee che il maresciallo Balbo nutriva – riporterà poi Graziani – tuttavia mai precisate esattamente. Ad ogni modo, secondo il Tellera, non attuabili per mancanza di mezzi adeguati.

Nelle giornate del due e del tre luglio Graziani rappresentò la situazione delle forze armate terrestri ed aeree, nonché le necessità indispensabili dei mezzi richiesti già precedentemente dal Maresciallo Balbo.

E' interessante riprodurre i telegrammi numero 17, 18 e 19 inviati da Graziani a Badoglio.

N.17. Forze disponibili Africa Settentrionale sono ormai divise in due blocchi.
Uno occidentale che comprende XX e X corpo armata (V armata) con seguenti divisioni: Pavia, Brescia, Sirte, Savona, Bologna, Sabratha, 2 CC.NN.
– Totale massa sette divisioni.
Avendo esse ceduto tutti automezzi alla massa orientale non sono auto–trasportabili.
Loro trasporto da Tripoli a Bengasi est insidiato da sottomarini inglesi che incrociano in quel mare.
Blocco orientale (X armata) est costituito da corpi armata XXI, XXII, XXIII, con seguenti divisioni:
I CC.NN. – Cirene – *Catanzaro* – IV CC.NN. – I Libica – II Libica–*Marmarica*.
Totale sette divisioni.
Tra Misda, Naluth, Zuara et dintorni Tripoli vi sono sette battaglioni libici tra veterani et di nuova costituzione.
Ne ho ordinato riunione ad Agedabia con trasporto aereo che avrà subito inizio at tutela eventuale minaccia comunicazioni tra Tripolitania et Cirenaica et con ulteriori compiti che mi riservo di precisare et comunicare.
At Bengasi est disponibile Battaglione indigeno paracadutisti forza 250 di pronto impiego. At Misurata est invia costituzione battaglione paracadutisti nazionale forze circa trecento volontari. Ne ho disposto trasferimento a Barce.
Mancano duecento paracaduti di cui est stata fatta richiesta e prego sollecitare invio.

N.18. Dai cinque telegrammi relativi situazione forze terrestre et per necessità loro spostamento et manovra emerge inderogabile invio seguenti mezzi già richiesti da Maresciallo Balbo: un migliaio automezzi, massimo numero possibile autobotti nonché taniche e altri mezzi trasporto acqua, massimi quantitativi carburanti. Non occorre ulteriore invio uomini salvo eventuali specializzati.

N.19. Situazione mezzi aerei. Apparecchi esistenti inizialmente 315. Perduti 60. D'accordo con Comando Superiore aeronautica ritenere più redditizio che invece di reparti si inviino dall'Italia complementi necessari per completare organici et sopperire perdite[3].

Il Maresciallo Badoglio, dopo avere ricevuto i detti telegrammi, inviò al Comandante Generale delle Forze Armate in Libia il tre luglio il seguente telegramma (consultabile nel Diario Storico del Comando Supremo):

1067. 3 luglio. Ore 09,15. Per Maresciallo Graziani– Duce mi ordina comunicarvi che è interesse vitale per l'Italia che voi siate pronto sferrare offensiva per giorno 15 (quindici) per essere sincroni con azione – tedesca. Dovendo contare essenzialmente su materiali esistenti in colonia. Telegrafate per materiali assolutamente indispensabili che spediremo in convoglio assieme carri armati medi. Voi sapete nostre disponibilità et nostre difficoltà. Voi avete superato felicemente Somalia difficoltà grandissime – le supererete ora – Datemi assicurazioni. Badoglio.

Graziani dopo aver ricevuto questo telegramma interpellò tutti gli ufficiali di rango elevato presenti in Libia per avere un'idea chiara della situazione generale delle truppe italiane. Subito dopo telegrafò nuovamente a Badoglio

Riferimento vostro 1067. 3 corrente e seguito mio 21.
Comunico giorno 15 inizierò movimento oltre frontiera con occupazione Sollum – Halfaia. Mezzi attualmente at disposizione non mi consentono ulteriore immediato sbraccio. Mio intendimento est quello compiere primo distacco per entrare in territorio avversario et allontanare pressione nemica da nostra frontiera. Successivamente misurerò ulteriori possibilità. Prego confermami data inizio tenendo presente che carri armati giungeranno solo domani sera a Tobruk e dopo domani 14 a piè d'opera.
Graziani.

Il Maresciallo Badoglio rispose con il telegramma 1274 del 13 luglio:

Data inizio operazioni era stata da me indicata in linea di massima. Voi inizierete operazioni quando riterrete opportuno. In conclusione voi avete completa libertà d'azione.
Badoglio.

Dopo poche ore arrivò sulla scrivania di Graziani un altro telegramma di Badoglio:

1299. Duce vi autorizza ritardare nota operazione fino a quando non avete tutti i mezzi che vi permetteranno di effettuare una manovra a vasto raggio et in profondità in modo da conseguire risultati di notevole importanza. Conquistare Sollum e poi fermarsi non è manovra redditizia e perciò da non effettuarsi. Vi segnalerò con precisione quando potrete ricevere i materiali concordati tra vostro intendente e Comando Superiore Esercito. Segnatemi ricevuta
– Badoglio.

---

3 R. Graziani, *Africa Settentrionale 1940-1941*, Roma, 1948, p. 266.

Das hartumkämpfte Fort Capuzzo, nach den Sommerkämpfen 1941

La ridotta „Capuzzo", come era dopo i combattimenti dell'estate 1941

LA RIDOTTA CAPUZZO IN UN DISEGNO DI KURT CAESAR (1941).
(COLLEZIONE DELL'AUTORE)

LE FORZE IN CAMPO.

La situazione in Libia alla vigilia dell'avanzata di Graziani in Egitto era la seguente.

Alla frontiera tunisina di fronte alle difese della linea del Mareth (la *Maginot d'Afrique*) vi era la 5ª Armata (gen. Italo Gariboldi), mentre, alla frontiera con l'Egitto era schierata la 10ª Armata (gen. Mario Berti).

La **5ª Armata** inquadrava:

X Corpo d'Armata (gen. Alberto Barbieri):

Divisioni

-25ª *Bologna*:
39°-40° fanteria *Bologna*, 205° Artiglieria;

-55ª *Savona*:
15°- 16° fanteria *Savona*, 12° Artiglieria *Sila*;

-60ª *Sabratha*:
85°- 86° fanteria *Verona*, 42° Artiglieria *Sabratha;*

XX Corpo d'Armata (gen. Ferdinando Cona):

Divisioni

-17ª *Pavia*:
27°- 28° fanteria *Pavia,* 26° Artiglieria *Rubicone;*

-27ª *Brescia*:
19°- 20° fanteria *Brescia*, 55° Artiglieria;

-61ª *Sirte*:
69°- 70° fanteria *Ancona*, 43° Artiglieria *Sirte;*

XXIII Corpo d'Armata (gen. Annibale Bergonzoli):

Divisioni

-1ª CCNN *23 Marzo*:
219ª - 233ª Legione, 201° Artiglieria;

-2ª CCNN *28 Ottobre*:
231ª -238ª Legione, 202° Artiglieria;

-2ª *Libica*:
III- IV Raggruppamento Libico,
II Raggruppamento Artiglieria Libico;

La **10ª Armata**, a sua volta, inquadrava:

XXI Corpo d'Armata (gen. Sebastiano Gallina):

Divisioni

-62ª *Marmarica*:
115°- 116° fanteria *Treviso*, 44 Artiglieria *Marmarica*;

-63ª *Cirene:*
157°- 158° fanteria *Liguria*, 45° Artiglieria *Cirene;*

XXII Corpo d'Armata (gen. Pitassi Mannella):

Divisioni

-64ª *Catanzaro*:
141°- 142° fanteria *Catanzaro*, 203° Artiglieria ;

-4ª CCNN *3 Gennaio*:
250ª -270ª Legione, 204° Artiglieria;

-1ª *Libica*:
III- IV Raggruppamento Libico, II Raggruppamento Artiglieria Libico;

Inoltre vi erano le truppe del Sahara libico.
Le divisioni italiane erano a reggimenti binari, praticamente delle brigate con un reggimento d'artiglieria aggregato, mentre quelle britanniche avevano reggimenti ternari, e dunque avevano un reggimento in più.
Un reggimento in più voleva dire avere una forza maggiore in armi e in uomini rispetto ad un reggimento in meno. Le divisioni italiane erano sì più numerose di quelle imperiali inglesi ma avevano una consistenza numerica inferiore (considerando le singole divisioni). Sommando mezzi corazzati, fucili anticarro, cannoni antiaerei, mortai, autocarri si può ben comprendere che una divisione italiana era assai più debole di un'analoga unità britannica.
La reputazione guadagnata dal Regime fascista con la conquista dell'Impero e con la vittoria in Spagna aveva prodotto però un notevole indebolimento delle forze armate italiane depapeurate in mezzi e personale, che in tempi brevi non avrebbero assolutamente potuto sostenere un ennesimo sforzo bellico a livello

europeo.

Gli impegni sostenuti dall'Italia avevano contribuito anche a modernizzare, sviluppare e sperimentare nuove tecniche militari. Infatti proprio durante l'impegno del Corpo Truppe Volontarie in Spagna- dove avevano combattuto Mario Berti ed Annibale Bergonzoli- si sviluppò, almeno a livello teorico, il concetto di *Guerra di rapido corso*, consistente in un insieme di operazioni basate sul rapido movimento delle forze motorizzate, che andava così a contrapporsi alla guerra di posizione che aveva invece caratterizzato la Grande Guerra.

La riforma venne avviata e affidata al generale Pariani, Sottosegretario di Stato al Ministero della Guerra dal 1936 al 1939, che s'impegnò per avviare un mutamento del Regio Esercito, mirante alla sua modernizzazione.

Tale sforzo si concretizzò nella cosiddetta Riforma Pariani varata nel 1938, con la quale le divisioni ternarie furono sostituite con quelle binarie.

La "vecchie" divisioni ternarie erano così chiamate perché improntate su tre reggimenti di fanteria e uno di artiglieria, quest'ultimi articolati a loro volta su quattro gruppi, mentre le nuove divisioni binarie erano organizzate su due reggimenti di fanteria e uno di artiglieria, articolato a sua volta in tre gruppi. Tutto questo si tradusse in un alleggerimento delle unità che sarebbero così risultate più agili e manovrabili. Però se i comandi italiani da un lato potevano disporre di forze veloci sul campo dall'atro essi si trovarono a dover manovrare con divisioni numericamente inferiori e quindi più deboli, con una conseguente minor capacità di ingaggio nei confronti del nemico.

Ma questo aspetto passò in secondo piano visto che la riforma incontrò il consenso di molti ufficiali superiori che videro nel nuovo assetto non una maggiore efficacia dell'esercito ma bensì una possibilità di fare carriera: infatti con l'aumento del numero di divisioni sarebbe aumentato anche quello dei generali di divisione, titolo ambito da molti e che conferiva un certo prestigio. Poco lungimirante infine si dimostrò anche il Regime che appoggiando la riforma si preoccupò solamente di poter contare, almeno nominalmente, su un maggior numero di divisioni che sarebbero servite ad accrescere il prestigio sul piano interno e internazionale dell'Italia.

Non tutti però sostennero la riforma Pariani, come si può leggere nel documento redatto in data primo novembre 1939 sulla situazione del Regio Esercito:

La trasformazione dell'esercito attualmente in corso (passaggio dall'ordinamento della divisione su 3 reggimenti fanteria e 4 gruppi artiglieria e quello su 2 reggimenti fanteria e 3 gruppi artiglieria) – per la quale il Capo di S.M. Generale ha espresso sempre parere decisamente contrario – infirma gravemente l'efficienza delle unità complicandone al massimo la mobilitazione;
le divisioni binarie sono, poi, molto leggere e dispongono di artiglierie da 75 e da 100 mentre le divisioni dei principali Stati moderni hanno calibri da 105 e 150[4].

Concentrandosi sui dati numerici possiamo affermare che le nuove divisioni binarie che si vennero a creare dopo la riforma Pariani potevano contare all'incirca su 13.500 uomini, nei cui ranghi era previsto fosse inquadrata anche una legione d'assalto di Camicie Nere articolata su due battaglioni, circa 1.300 uomini

---

[4]Cit. in M. Montanari, *L'esercito italiano alla vigilia della Seconda Guerra Mondiale*, Roma 1982, p. 371.

in sostituzione del terzo reggimento, per ovviare- ma solo parzialmente- all'inde-bolimento in termini di fanterie.

Così, dopo l'adozione della divisione di fanteria binaria dell'Ordinamento Pariani si pensò di assegnare stabilmente due battaglioni di Camicie Nere riuniti in una legione CC.NN. d'Assalto, assieme a compagnie autonome mitragliatrici e mor-tai da 45 mm. alle divisioni binarie.

Ciò serviva anche a tacitare le critiche dei conservatori riguardo l'eliminazione della riserva divisionale (il terzo reggimento fanteria), nell'ottica della concezione che che la logica della divisione binaria stava nell'assegnazione della manovra tattica al Corpo d'Armata anziché alla divisione, e nel riequilibrio (purtroppo non ancora bastante) fra la troppo numerosa fanteria e il troppo scarso sostegno di fuoco[5].

Non sarebbe stato sufficiente, e l'inadeguatezza della divisione binaria italiana-oltretutto in Libia le divisioni di fanteria non ebbero assegnata neppure la le-gione CCNN d'Assalto!- rispetto al corrispettivo britannico sarebbe apparsa drammaticamente in occasione della controffensiva di Wavell, come vedremo

Per ciò che riguarda la componente corazzata, in Africa settentrionale gli italiani potevano disporre di sette battaglioni carri L, uno dei quali (il IX) ad organici ri-dotti.

A questi si era aggiunto, il 7 luglio, il Comando del 4° Reggimento Fanteria Car-rista con i due battaglioni M 11/39, sbarcati in Tripolitania tra il 6 e 7 luglio.

Il 7 luglio, la 10a Armata inquadrava dunque:

- IX   Btg Carri L con 29 carri (degli originari 46 carri, 17 erano andati perduti in combattimento);
- XXI Btg Carri L con 46 carri;
- LXII Btg Carri L   con 46 carri - assegnato alla divisione *Marmarica*;
- LXIII Btg Carri L   con 46 carri - assegnato alla divisione *Cirene*,

per un totale di 138 carri leggeri CV33.
Di rinforzo vi erano inoltre:

a) avuti dalla 5a Armata:
- XX Btg. Carri L (50) alla 1a Libica
- LXI Btg Carri L (46) alla 2a Libica, + 14, + 14;

b) in arrivo dall'Italia

- 4° Rgt. Ftr. Carrista (70 [ma 72 ndA] carri M 11/39).

Come si vede il numero dei carri armati era, sulla carta, notevole. La realtà era diversa. Gli italiani avevano una superiorità di numero ma non di qualità. Il carro amato L 3 (o CV33) si chiamava così poiché pesava solamente 3 tonnellate- L sta per *leggero*- ed era armato solamente di una mitragliatrice leggera binata da 8mm.

---

[5]Ilari, Ceva 1989, p. 317.

Le truppe libiche del Regio Corpo Truppe Libiche destinate ad essere impiegate nell'offensiva contyro l'Egitto, erano organizzate in due divisioni, la 1a Divisione Libica (gen. Luigi Sibille) e la 2a (gen. Armando Pescatori)[6] erano inquadrate nel XXI Corpo d'Armata (Corpo d'Armata libico) al comando del generale Sebastiano Gallina; esse meritano qualche parola, essendo state spesso trascurate dalla storiografia. Non si trattava di vere truppe coloniali, essendo più addestrate e, dopo la concessione della cittadìnanza italiana ai libici voluta da Balbo nel 1939 con il Regio Decreto del 9 gennaio, erano oramai considerate truppe metropolitane, con le stellette indossate sul colletto. Inoltre molti ascari libici erano veterani del conflitto italo- etiopico, nel corso del quale avevano fornito una buona prova di sé agli ordini di Graziani sul fronte somalo.

A differenza delle truppe eritree e somale, organizzate in battaglioni indipendenti, i libici avevano come unità basica il reggimento.

Si trattava di un'eccellente unità, formata da veterani (delle due parti!) della brutale riconquista della Cirenaica, terminata nel 1932, molto motivati dal servire contro i cristiani etiopici agli ordini di Graziani, da loro idolatrato. Interessante è notare come molti libici fossero vecchi ribelli senussiti, o, in alcuni casi, figli di ribelli, anch'essi fedelissimi di Graziani[7].

Paradossalmente la repressione era stata molto più dura verso le popolazioni nomadi della Cirenaica che non verso i ribelli armati, i quali, dopo essersi sottomessi potevano arruolarsi nelle truppe coloniali (cosa normale che avveniva usualmente anche nell'Africa settentrionale francese e nel Marocco spagnolo, e che accadde anche con molti soldati negussiti dopo la conquista dell'Impero, tanto che le ultime truppe coloniali a battersi a Gondar nel 1941 furono proprio i battaglioni amhara).

Contrariamente a quanto troppo spesso si pensa, i ribelli libici venivano giustiziati solo se catturati armati.

Vale la pena- anche per sottolineare la differenza tra la realtà storica e talune pretese storiografiche *progressiste* alla Del Boca, tese alla creazione di una *leyenda nigra* sul colonialismo italiano, anche su sovvenzione del governo di Gheddafi- di riportare ciò che scrivono Leonida Fazi e il gen. Pietro Patanè (già ufficiale del 4° *Mergheb* e testimone diretto) a proposito della rivista passata da Graziani a Brava all'arrivo della divisione:

Erano diecimila Libici schierati. Molti di loro erano stati dei ribelli e moltissimi erano figli di ex ribelli. Al termine della rassegna, quando al centro dello schieramento si collocò Graziani che nel tempo allora sepolto nel fondo di un futuro impensabile, sarebbe stato chiamato sterminatore, impiccatore, oppressore e torturatore dei Libici, la Divisione Libia esplose.

Quei diecimila ex ribelli e figli di ex ribelli circondarono Rodolfo Graziani e nonostante gli sforzi degli ufficiali per trattenerli urlarono, danzarono, cantarono, esaltarono il grande loro capo, lo idolatrarono[8].

6Nel giugno 1940 nella riserva della 5ª Armata, poi trasferita alla 10ª .

7 Il 4° *Mergheb* in particolare era pressoché interamente formato da ex ribelli senussiti.

8 L. Fazi, P. Patanè, *La generazione italiana dei morti perduti*, Roma 1985, p.92.

L'episodio è ricordato dallo stesso Graziani che scrive come i libici paressero *impazziti dalla gioia* di ritrovarsi sotto il loro vecchio comandante, aggiungendo:

Chiamo a testimoni tutti gli ufficiali, che erano nei ranghi di quelle unità, a riprova della mia affermazione, e della frenesia con la quale i loro gregari svolsero le fantasie in mio onore. E ciò affinché siano ancora una volta smentite tutte le vili invenzioni che mi raffigurano come carnefice delle genti libiche di cui quegli ascari (...) erano il fiore [9].

Ad ulteriore smentita della tesi di un'ostilità dei libici verso Graziani, nel corso della guerra italo- etiopica (come sarebbe stato anche nella guerra mondiale) non vi furono casi di diserzioni né verso il Kenia o la Somalia britannica (e si trattava di truppe abituate a spostarsi nel deserto, che non avrebbero avuto difficoltà a disertare, vista anche l'esiguità numerica di ufficiali e quadri nazionali), né verso l'opposta sponda del Bab el Mandeb, in Yemen, raggiungibile in poche ore di traversata, dove i libici sarebbero stati favoriti dal parlare la stessa lingua.
I libici al contrario si batterono molto bene in Africa Orientale, tanto da meritare la Medaglia d'Oro al Valor Militare alla bandiera del Regio Corpo delle Truppe Libiche:

Con l'ardimento proprio della razza- alimentato dall'amore per la Bandiera e della fede nei più alti destini in terra d'Africa- dava, durante la guerra, innumerevoli prove del più fulgido eroismo.
Con generosità larga, quanto sicura è la sua fedeltà, offriva il proprio sangue per la consacrazione dell'Impero italiano.

Guerra italo- etiopica, 3 ottobre 1935- 3 maggio 1936.

Particolarmente addestrato e combattivo- e gli australiani lo avrebbero visto a Derna- era il battaglione dei *Fanti dell'Aria* libici (poi 1° Reggimento paracadutisti libico, su due battaglioni, I° *Diavoli neri*, libici, e II° *Paracadutisti nazionali della Libia*, italiani) del tenente colonnello Goffredo Tonini, un ufficiale decorato di Medaglia d'Oro al Valor Militare, il primo reparto italiano di paracadutisti, creato a Castel Benito nel 1938 per ordine di Balbo.
La vicenda dei *Fanti dell'Aria* dalla costituzione allo scioglimento venne così riassunta dal generale Tonini in un discorso tenuto nel 1960. Data la scarsa notorietà del reparto, trascurato in pressoché tutta la storiografia della campagna italo- britannica del 1940-1941, ci sembra giusto riportarlo:

Il 2 Febbraio 1941, con la caduta di Derna, si chiudeva eroicamente la prima pagina storica del paracadutismo italiano. Tutto era iniziato ai primi di marzo del 1938, con una circolare del Comando Superiore delle Forze Armate in Africa Settentrionale, diramata a tutti i reparti Nazionali ed Indigeni, che chiedeva urgentemente ufficiali e libici volontari per la costituzione di un reparto di paracadutisti. L'aeroporto tripolino di Castel Benito fu prescelto per impiantarvi la Scuola.
Quivi il 22 marzo cominciarono ad affluire gli uomini che ben presto avrebbero formato il Battaglione Fanti dell'Aria. Io stesso, ero allora maggiore, giunsi quel giorno. Dal 22 al

---

9 Rodolfo Graziani, *Ho difeso la Patria*, Milano, 1947, p.114.

28 marzo il Ten.Col. Prospero Freri, giunto appositamente da Roma, prendeva in istru-
zione i volontari, addestrandoli sull'uso del " Salvator D37". Il mattino del 29 marzo ese-
guivo il mio primo lancio dall'aereo ed assumevo il comando della Scuola Paracadutisti
e del Battaglione in formazione. Il 1° aprile effettuavo il secondo lancio ed immediatamente facevo eseguire il primo agli ufficiali ed ai libici. Quindi fino al 15 Aprile proseguì
nell'addestramento lancistico, prima individuale, quindi a squadre, con adunata dopo
dopo l'atterraggio ed azione tattica. Nel pomeriggio del 16 feci eseguire il primo lancio di
massa: 24 apparecchi SM 81 appartenenti al 15° stormo da bombardamento sganciaro-
no circa 300 uomini del 1° btg. *Fanti dell'Aria Paracadutisti Libici*. Questa prima fase (29
marzo - 16 aprile) costo' al Reparto 8 morti e circa 30 feriti. Ciononostante proseguii
nell'addestramento, incoraggiato dal Maresciallo dell'aria Italo Balbo, Comandante Superiore FAAS, che aveva ordinato il reclutamento di un secondo battaglione di
paracadutisti.
La preparazione di questo II° btg. duro' circa 1 mese per cui, il 18 maggio, alla presenza
degli ufficiali della Scuola di Guerra, comandai il lancio collettivo del reparto, divenuto il
1° Reggimento Paracadutisti. Purtroppo fu una giornata infausta: su 500 lanciati si con-
tarono 7 morti e 42 feriti!   Tuttavia solo 5 giorni dopo, il 23 maggio, alla presenza di
S.M. Vittorio Emanuele III[10], il rgt. fece la sua comparsa nelle grandi manovre, con un
riuscitissimo lancio (2 soli feriti) nella piana di Bir Ganem. Il Re entusiasmato dallo spet-
tacolo di ardimento e di perizia, nomino' Cavalieri della Corona d'Italia gli ufficiali di quel
lancio, ed il comandante Ufficiale dell'Ordine di SS.Maurizio e Lazzaro. Dal 16 Aprile al
23 Maggio queste furono le perdite: 15 morti e 74 feriti. Cosi' come poi avverra' per i ra-
gazzi della *Folgore*, i Fanti dell'Aria furono impiegati come Fanti di Terra nell'Uadi Bakur
ed alla difesa di Derna, coprendosi di onore in battaglia ed infierendo colpi gravissimi al
nemico. Le perdite ammontarono al 50%. I rimanenti feriti e prigionieri iniziarono
un'odissea di sofferenze dietro i reticolati dei campi di concentramento per oltre 65
mesi!
Paracadutisti Libici e Nazionali di Castel Benito, caduti nell'ebrezza cosciente di un lancio o nella suprema follia della battaglia, dispersi nei campi di prigionia o sulla strada del
ritorno, siete tutti davanti ai miei occhi. E' il vostro comandante, oggi con i capelli bianchi, che vi saluta e, come allora, dopo una manovra riuscitissima, vi dice "BRAVI!"[11].

La Regia Areonautica in Libia era raggruppata nella 5a Squadra Aerea con a
capo il generale Felice Porro. Nei verbali del Diario Storico del Comando Supremo si fa riferimento ad una funzione particolare per l'arma aerea in Libia: la funzione anticarro.
Le truppe del Regio Esercito non disponevano di sufficienti cannoni efficienti
contro carri medi e pesanti nemici e nemmeno disponevano di proiettili perforan-
ti.
L'unica soluzione trovata dagli alti comandi di Roma fu quello di dare direttive
alle squadriglie aeree stanziate in Libia di cooperare in maniera proficua con le
forze terrestri in funzione anti–carro. Più facile a dirsi che a farsi. Per esempio il
28 giugno 1940, poche ore prima del suo bbattimento, Balbo telegrafò a Felice
Porro, comandante della 5a Squadra Aerea:

L'impiego dell'aviazione in questi ultimi giorni è completamente sbagliato. Non si manda-
no gli aerei ad attaccare le autoblindo se non sono in gruppo superiore a venti. Le auto-

---

[10]Era presente anche il *Reichsmarschall* Hermann Göring.
[11]G. Tonini, in *Ali. Quindicinale di Aviazione*, 16-31 novembre 1960.

blindo isolate debbono essere cacciate dalle autocolonne dell'Esercito.

Muovere un rimarco al comando del settore est per avere aderito con troppa facilità alle richieste dell'armata. Ognuno faccia il suo mestiere se si vuole che l'aviazione, al momento del bisogno, sia efficiente.

Il telegramma fu duplicato e spedito anche al Sottosegretario di Stato per l'Aeronautica Pricolo, il quale inviò l'otto luglio 1940 un telegramma a Badoglio nel quale trasmetteva il seguente messaggio:

Vi sottopongo in visione, Eccellenza, copia della lettera firmata dal compianto Maresciallo Balbo, relative all'impiego dell'Aviazione sul fronte cirenaico su richiesta del Comando X Armata. Condivido pienamente quanto viene espresso nella predetta lettera inquantoché tale impiego è da considerarsi, completamente erroneo, scarsamente efficace ed assolutamente non rispondente alle caratteristiche dei mezzi. Lo spirito di collaborazione dell'Aeronautica, già così ampiamente dimostrato in ogni occasione, non deve giustificare richieste che sono in contrasto con i più elementari metodi di impiego dei reparti aerei .

Purtroppo l'impiego tattico dell'Aeronautica libica continuò a svolgere operazioni al di sopra delle proprie possibilità. Ad una mancanza di impiego efficace si sommava anche una mancanza quantitativa e qualitativa dei mezzi a disposizione.

Gli apparecchi in dotazione non si potevano ritenere l'ideale sotto alcun aspetto. I bombardieri erano SM 81 notoriamente sorpassatissimi per la velocità (max 330 km/h ed autonomia 1.800 km); era perciò in corso la loro sostituzione con gli SM 79 (velocità massima 425 km/h, e autonomia 2.500 km), apparecchi che pur avendo fornito ottima prova in Spagna risentivano della loro derivazione da aereo civile e che, comunque reggevano il confronto con i *Bristol Blenheim* della Royal Air Force britannica.

Per la caccia esistevano in Libia i CR 42, simili nelle prestazioni ai britannici *Gloster Gladiator.*

Il 50° stormo d'assalto, poi, disponeva di Ba.65 per l'attacco al suolo.

Questa dunque la forza dei circa trecento aerei dislocati negli aeroporti libici.

Per quanto riguarda la Marina Militare la situazione era discreta in Italia ma assolutamente insufficiente in Libia. Il Comando Marina della Libia (ammiraglio Brivonesi) non aveva che poche navi per una difesa costiera: l'incrociatore San Giorgio utilizzato come batteria galleggiante, quattro torpediniere, sei cannoniere ed alcuni sommergibili.

Il 23 luglio Graziani inviò a Badoglio una relazione circa la situazione militare in Africa Settentrionale in vista dell'offensiva contro l'Egitto, in cui esprimeva i propri concetti e le proprie considerazioni circa la situazione e che mostra quale fosse la reale forza militare italiana. Si tratta di un documento assai importante che vale la pena di riportare per esteso.

Ordinamento delle FF.AA. Terrestre.

La situazione determinatasi in seguito all'armistizio italo–francese aveva necessariamente conferito allo scacchiere cirenaico la massima importanza ed aveva posto in primo piano il problema del suo rafforzamento difensivo.

La X Armata era venuta automaticamente assorbendo tutte le forze ed i mezzi che dalla Tripolitania erano stati trasferiti in Cirenaica, mentre la V Armata aveva assunto il carattere che tutt'ora conserva, di serbatoio di alimentazioni. Alle 5 divisioni inizialmente dislocate in Cirenaica se n'erano aggiunte altre due (la *XXIII Marzo* e la II libica) trasferite dalla Tripolitania, sicché nell'ultima decade di giugno la X Armata risultava costituita di tre C. d'A. (XXI, XXII, XXIII) con 7 divisioni complessivamente. Le prime operazioni avevano poi dimostrato che i mezzi di fuoco dell'armata, e più particolarmente le artiglierie mobili, erano assolutamente insufficienti a neutralizzare le improvvise e frequenti offese che i mezzi meccanizzati nemici operavano impunemente sulle nostre truppe e sulle nostre comunicazioni, a tergo dell'organizzazione difensiva di frontiera, con gravi conseguenze di carattere morale.

Da ciò la determinazione, attuata ancora prima che io raggiungessi Tripoli, di trasferire da occidente ad oriente la maggior parte delle artiglierie mobili della V armata (batterie da 20 e da 47, l'intero 20° rgt di C.d'A e il 12° rgt. D.F. Della Savona).

L'efficacia di questo rinforzo di artiglierie si è dimostrato pienamente adeguato da un paio di settimane infatti il nemico impiega le sue autoblinde con molto maggior cautela e senza apprezzabili successi.

Giungendo in A.S., mi preoccupavo subito dell'integrale difesa dello scacchiere prendendo in esame l'eventualità che un deprecato crollo del sistema Tobruck – Porto Bardia (dov'è tutt'ora addensata la X armata) potesse consentire al nemico di penetrare sull'altopiano cirenaico ancora oggi abitato dalla popolazione civile nazionale ed indigena. Trasferivo quindi subito nella zona di Barce la divisione Sirte (che è già in posto da una decina di giorni), mentre contemporaneamente facevo organizzare un sistema di controllo volante con CC.RR lungo la pedemontana: Timimi – El Ezeiat – El Mechil – Zauia – En Neian – El Charruba – Sahabi – Maragh – Augila. Assicurata in tal modo la difesa della regione, ed in relazione al diverso compito offensivo che il Comando Supremo a fine giugno aveva assegnato alle forze dell'Africa Settentrionale, ho successivamente dato vita ad un "raggruppamento Oasi Meridionali" agli ordini del generale Maletti, profondo conoscitore della regione, col quale mi prefiggo, come già telegrafato, operare da Giarabub su Siwa e di là in direzione del litorale (Marsa Matruth) o della valle del Nilo, a seconda delle circostanze.

 Di scorcio dirò che questo raggruppamento, costituito da sette battaglioni libici in maggior parte veterani, da unità di carri leggeri, artiglierie e tre compagnie shariane autocarrate, è in massima parte già raccolto presso Derna e fra una dozzina di giorni – quando affluiranno qui gli autocarri in corso di spedizione dall'Italia – sarà anche in grado di muovere per la sua zona d'impiego.

 Nel campo dei mezzi, provvedimenti analoghi avevano già consentito di trasferire in Cirenaica la maggioranza degli autocarri efficienti dislocati in A.S con gli ordini da me impartiti (motivo principale della mia venuta a Tripoli) questa maggioranza è diventata la quasi totalità. Le G.U della Tripolitania conservano un numero di automezzi strettamente occorrente per la loro vita giornaliera (per facilitare ciò le ho messe tutte a cavallo della ferrovia): tutto il resto è o sta per trasferirsi in Cirenaica.

Di pari passo le officine automobilistiche – sia militari sia civili – hanno intensificato la riparazione dei ben 1800 autocarri che il logorio l'usura, le difficoltà e lunghezze dei percorsi e l'imperizia degli autieri hanno reso inefficienti e il cui ripristino sarà sensibilmente avvantaggiato dall'affluenza del personale specializzato richiesto giorni fa allo Stato Maggiore dell'Esercito (tele–avio 2005 Op del 18 luglio).

Con queste disposizioni e con il concorso degli automezzi civili, che ho spremuto fin all'ultimo, un sensibilissimo apporto sarà dato al funzionamento del servizio automobilistico. La necessità, infine, di poter disporre di artiglieria di distribuzione e di adeguata controbatteria, quando dovremo affrontare l'organizzazione difensiva semi campale di Marsa Matruth, mi ha indotto ad assorbire, a favore del settore orientale, gli ultimi 60 obici da 100/17 e 24 cannoni da 105 /28 che erano ancora disponibili presso la V armata e da oggi queste artiglierie, tutte inquadrate in unità organiche, sono in marcia verso la Cirenaica, dove costituiranno massa di fuoco ai miei ordini diretti. La diversa costituzione che era avvenuta assumendo la X armata per effetto dei primissimi rinforzi, mi aveva già suggerito di dare alle FF.AA della Cirenaica un ordinamento meglio rispondente alle possibilità di comando e di impiego delle G.U. L'ulteriore cospicuo afflusso di cui ho fatto ora cenno, unitamente a quello della IV fanteria carrista dell'Italia, ha reso inderogabile un nuovo ordinamento.

Questo è ora in vigore e si riassume nello specchio annesso.

A chiarimento di esso, soggiungo che ho voluto preporre il generale Gallina al "Gruppo divisioni libiche" perché il diverso indirizzo addestrativo dato alle due divisioni e le conseguenze morali risentite in particolare dalla I divisione libica (in seguito ai dolorosi episodi del periodo 11–16 giugno) rendevano urgente conferire un vigoroso impulso morale e materiale alle due unità, ai fini del loro ulteriore impiego sul campo di battaglia. In tal modo il comandante della X armata, presso il quale potrà essere decentrato tutto o in parte il gruppo divisioni libiche, potrà anche valersi dell'esperimentata capacità del generale Gallina.

Questo diverso raggruppamento di forze trova naturalmente riscontro nella organizzazione dell'Intendenza, la quale, pur continuando a dipendere dal Comando Superiore, costituirà una propria delegazione presso la X armata e provvederà direttamente ai bisogni delle altre G.U. Trova altresì riscontro nell'organizzazione delle CC.RR, il cui servizio sia territoriale che mobile fa ora capo unicamente al Comando Superiore dell'Arma, al quale ho affidato altresì il compito di sorveglianza costiera della Milizia, i cui componenti, quasi tutti agricoltori, ho smobilitato perché attendano più proficuamente agli impellenti lavori della campagna.

Sempre in quest'ordine di idee, poiché il richiamo degli appartenenti della Milizia ordinaria aveva messo in crisi non solo i lavori agricoli, ma anche tutte le altre attività e vitali esigenze della colonia, ho disposto che i quattro battaglioni della M.V.S.N già esistenti in Africa Settentrionale (tutti e quattro in condizioni precarie di forza, di armamento e di addestramento) vengano contratti in un unico reparto di formazione, selezionandone i componenti e dotandolo di adeguato armamento. Questo reparto sarà presto in grado di prendere il suo posto fra le unità operanti dell'Esercito. Direttive Operative.

Ho già esposto i miei concetti operativi di larga massima. Maggiori particolari darò a momento opportuno dello sviluppo che le operazioni potranno assumere, sia per la parte strettamente terrestre, sia per quanto ha tratto alla difesa dalle presumibili offese che potranno essere dirette contro di noi da forze navali nemiche durante la nostra avanzata. In attesa che sia completata la messa in opera delle forze e soprattutto dei mezzi (subordinata all'arrivo del noto convoglio dall'Italia), la X armata è tutta attestata alla frontiera con le sue cinque divisioni organiche.

A portata di esse sono le due divisioni libiche. Le due piazze di Tobruk e Porto Bardia in piena efficienza.

Le comunicazione fra esse controllate da noi.

Giarabub presidiata adeguatamente, sia pure sotto il controllo, a largo raggio, di forze mobili nemiche.

Gli ordini impartiti alla X armata debbono garantirci il saldo possesso della ridotta Capuzzo, alla quale mira tenacemente il nemico nel duplice intento di toglierci la futura nostra base di partenza a carattere offensivo e di completare il sistema di occupazione da esso effettuato nei primi giorni di operazioni lungo la pista di frontiera Porto Bardia – Giarabub (nodi stradali e pozzi di Sidi– Omar – Bir– Esch– Sceferzen –Scegga– Uesce-chet – Ed Heira), occupazioni che esso sfrutta vantaggiosamente quali basi di raccolta e partenza delle sue unità meccanizzate e per interdirci ogni traffico con Giarabub. A riguardo soggiungo che ho già messo in bilancio la rioccupazione – a suo tempo – di questi nodi che potranno interessarci per le operazioni offensive e che il presidio di Giarabub, finora vettovagliato mediante rifornimento lanciato dall'aereo, può ora avvantaggiarsi di aereo– trasporti – in quanto ha potuto ripristinare il campo di atterraggio.

L'attività dei nostri reparti – generalmente auto–carrati – lungo la fascia di frontiera è costante. Come ho già detto innanzi, questa attività ha paralizzato il molesto stillicidio delle autoblindo inglesi. A ciò ha contribuito essenzialmente l'assegnazione alle nostre colonne mobili di larghe aliquote di artiglieria da 20, da 47 e da 65/17 auto–carrati, il cui impiego immediato e ben coordinato si è dimostrato molto efficace. Impiego dell'aviazione. Il problema della difesa contraerea risente, fra tutte le organizzazioni belliche, le maggiori deficienze.

Altrettanto è per la difesa navale degli approdi. La difesa di Tripoli, Bengasi, Derna e perfino di Tobruk e Porto Bardia – così di frequente esposte ad incursioni ed offese aeree e navali del nemico – non risponde affatto allo scopo.

Basterà citare che Bengasi dispone di quattro batterie da 75/27 su affusto a ruote, occasionalmente postate su parapetti; Derna di poche mitragliatrici e la stessa Tripoli di un'attrezzatura ed organizzazione del tutto impari alle necessità.

Questa considerazione e il fatto che l'approdo di Tripoli non è immune da offese, mi hanno indotto a scartare un uno spostamento di mezzi da Tripoli a Bengasi. Mi sono limitato a disarmare Zuara delle quattro batteria da 77/28 di cui disponeva per armarne Bengasi ma con tutto ciò ritengo che i danni di un bombardamento di Bengasi nelle particolari condizioni di attività in cui oggi il porto lavora e la presenza di cospicui obiettivi militari etc. sarebbero di una gravità incalcolabile. Conoscendo le difficoltà che in argomento sussistono nella Madrepatria non ho voluto formulare particolari richieste.

Posso solo concludere che il problema sussiste in tutta la sua gravità ed urgenza e che ogni provvidenza che in materia fosse possibile attuare riuscirebbe di vitale utilità. Provvidenze Varie In parallelo con i provvedimenti di anzi accennati, altre provvidenze sono state attuate o sono in corso di attuazione.

Accenno soltanto a quelle che acquistano maggior rilievo, ai fini dell'efficienza benefica dell'A.S. ovvero richiedono disposizione dell'autorità centrale. Il sistema dei convogli offre le maggiori garanzie; ma non è naturalmente il più spedito.

Ne è conferma il ritardo con cui riceve presentemente attuazione il convoglio in allestimento in Italia.

Non mi sembra da scartare il sussidio di piroscafi di medio o piccolo tonnellaggio che, raggiungendo Tripoli lungo il litorale tunisino–tripolino e quindi senza alcuna scorta, possono costituire un apporto continuo, anche se non ingente, al problema dei rifornimenti.

Siffatto sistema viene attualmente seguito fra Tripolitania e Cirenaica e particolarmente da Bengasi a Derna, a Tobruk e Porto Bardia con soddisfacenti risultati.

Utilizzazione dei porti Unificato il servizio di Bengasi con l'istituzione di un unico Commissario analoga provvidenza è in corso per Tobruk. Supermarina ha consentito all'istituzione di una base passeggera a Ain Gazala, da servire unicamente quale approdo a deposito per carburanti. Oltre alla G.a F. sono attualmente in Tripolitania sei divisioni della V armata (circa 60.000 uomini).

Questa, necessariamente, smembrata delle proprie artiglierie e depauperata di automezzi, ha perduto ogni vitalità. Rimane quindi il peso di alimentare un così grande contingente, laddove ai fini militari esso potrebbe essere ridotto ad un paio di divisioni, rimpatriando le rimanenti forze. E' questa però una decisione che coinvolge problemi di carattere politico e anche di sicurezza, ai fini del ritorno in Patria, via mare, di tante decine di migliaia di uomini. Come tale, esula dalla mia competenza; ho ritenuto ugualmente farne menzione sia per ragioni morali, sia per il beneficio logistico immediato e mediato che ne verrebbe.

Analogo problema urge per le migliaia di lavoratori abili ai lavori difensivi della Libia occidentali, il cui proseguimento è naturalmente vincolato alle situazioni politico–militare che verrà a determinarsi su quella frontiera. Spero risolvere io stesso in posto questo problema, quando sia sicuro che distogliere questi lavoratori dell'attuale attività non si traduca in disoccupazione per essi, ovvero in un assorbimento di autocarri così gelosamente recuperati ovvero, quando li si volesse trasferire in Cirenaica, per lavori stradali od altro, in un aggravamento della logistica. La soluzione migliore, però, sarebbe quella di ripartire al più presto l'aliquota di essi non ulteriormente utilizzabili

In Egitto il generale Archibald Wavell poteva disporre di circa 36.000 comprese le unità indiane ae neozelandesi, mentre in in Palestina vi erano altri 27.500 uomini. In pratica le truppe di prima linea della *Western Desert Force* (costituita il 17 giugno 1940) consistevano in una divisione corazzata con due reggimenti carri per ciascuna brigata, ed una brigata di fanteria britannica. Tutte le unità avevano armamento e dotazioni insufficenti di trasporti ed artiglieria; la 7th *Armoured Division* disponeva di 65 *cruiser tanks* MK VI rispetto ai 220 previsti in organico.

Western Desert Force:

Commander-in-Chief, Middle East: General Sir Archibald Wavell
Commander Western Desert Force: Lieutenant-General R. N. O'Connor;

Corps Troops:

7th Battalion, Royal Tank Regiment (carri Matilda)
1st Royal Horse Artillery
104th Royal Horse Artillery
51st Field Regiment R.A.
7th Medium Regiments R.A.
64th Medium Regiments R.A.

7th Armoured Division:

4th Armoured Brigade
7th Armoured Brigade
Support Group (Infantry Brigade)
Truppe divisionali

4th Indian Division:

5th Indian Infantry Brigade
11th Indian Infantry Brigade
Truppe divisionali
16th Infantry Brigade (aggregata alla 4th Indian Division)

Fin dal 1939 era in concreta fase di attuazione una pianificazione che come dati di base prevedeva sei divisioni in Egitto (con tre reggimenti) e tre divisioni in Palestina (trasportabili in Egitto in caso di necessità)[12].

All'inizio del giugno 1940 le forze britanniche in Egitto erano praticamente pronte. Il Sistema Informazioni Militare italiano era a conoscenza della vera entità di queste forze.

In tutto le forze "presenti in Egitto ai primi di giugno del 1940 erano valutate attorno ai 100.000–105.000 uomini: 40.000 britannici, 15.000 indiani, 7.000 neozelandesi, 1.500 rhodesiani e 40.000 egiziani.

Erano truppe di carriera, dotate di un ottimo addestramento, larga idoneità di automezzi a manovrare fuori strada a notevole velocità, perfetta organizzazione dei collegamenti terrestri e con gli aerei, disponibilità di autoblindo e carri particolarmente atti alla guerra nel deserto, superiorità intrinseca dei carri armati in armamento, velocità e manovrabilità e l'efficienza di un'artiglieria moderna, motorizzata e superiore per calibro e gittata. A questi fattori positivi si sommavano quelli negativi italiani: lo scarso addestramento dei quadri e delle truppe, la disponibilità di automezzi limitata al punto di imporre scelta tra trasporti di unità o rifornimenti, i molteplici tipi di autoveicoli per lo più inadatti a muovere fuori strada, i carri leggeri da tre tonnellate con più carenze che pregi, le artiglierie ampiamente superate, la difesa anticarri embrionale e quella antiaerea inesistente o quasi .

Le punte di diamante nell'esercito inglese erano formate dalla 7th *Armoured Division* e la 4th *Indian Division* indiana.

L'esercito britannico era preoccupato soprattutto per carenza di acqua e le complessità della motorizzazione; la marina temeva per la sicurezza dei bacini di carenaggio galleggianti dai quali dipendevano le possibilità operative della flotta. In sostanza il problema principale era uno solo, quello di fondo per qualunque piano operativo: il problema logistico. Però l'atteggiamento psicologico era differente da quello dei capi italiani: Wavell reputava che il vantaggio numerico italiano fosse sensibilmente ridimensionato da un morale scarsamente aggressivo e da alcune notevoli limitazioni nel campo dei materiali .

Il 16 agosto 1940 Churchill compilò le *Direttive generali per il comandante supremo nel Medio Oriente*. Tali direttive erano le seguenti:

1) L'invasione su vasta scala dell'Egitto da parte delle Libia deve essere attesa ormai a ogni istante. E' quindi necessario raccogliere e distribuire le più grandi forze possibili lungo e verso la frontiera occidentale. Ogni considerazioni di carattere politico ed amministrativo dovrà essere debitamente subordinata a questa necessità.

2) Le forze disponibili sono le seguenti: le forze corazzate britanniche in Egitto, i quattro battaglioni britannici di Marsa Matruh, i due di Alessandria e i due del Cairo, totale 8 battaglioni; i tre battaglioni della Zona del Canale; la brigata britannica di riserva proveniente dalla Palestina, cioè 14 battaglioni di fanteria di truppe regolari; la brigata neozelandese, la brigata australiana della Palestina; la brigata polacca; parte della Union Brigade proveniente dall'Africa Orientale; la 4° divisione indiana ora alle spalle di Marsa Matruh; la nuova divisione indiana; gli 11.500 uomini in arrivo a Suez, tutta l'artiglieria (160 cannoni) ora nel Medio Oriente o in viaggio dall'India; l'esercito egiziano in tutto ciò

12 M. Montanari, *Le operazioni in Africa Settentrionale*, I – *Sidi el Barrani*, Roma, 2000, pp. 22-37-43

in cui può venire utilizzato come servizio attivo.

3) Impiego tattico della forza suddetta. La posizione di Marsa Matruh deve essere fortifi-cata completamente e al più presto. Il settore tenuto da tre battaglioni egiziani va rileva-to dai tre battaglioni britannici, così da rendere omogenea quella forza. Ciò dovrà es-sere fatta anche ove il Governo egiziano voglia ritirare l'artiglieria ora in mano a questi tre battaglioni. La possibilità di rifornire di truppe per mare la posizione di Marsa Matruh e di tagliare le comunicazioni nemiche, quando gli italiani siano passati oltre, diretti ver-so il Delta, deve essere studiato con il comandante supremo della Flotta del Mediterra-neo. Diversamente si potrà preferire una calata sulle comunicazioni di Sollum e anche più ad ovest.
 Tutte le scorte d'acqua tra le difese di Marsa Matruh e di Alessandria devono essere depotabilizzate. Nessun tentativo deve essere fatto di lasciare dei drappelli a difesa dei pozzi presso la costa, in questa regione. La IV divisione indiana dovrà ritirarsi su Ales-sandria quando necessario, o essere evacuata per mare. La strada da Sollum a Marsa Matruh e ancora più quella asfaltata da Marsa Matruh a Alessandria deve essere resa intransitabile, quando abbandonata, dalle mine a scoppio ritardato o dal trattamento chi-mico della superficie d'asfalto.

4) In questo modo l'armata del Nilo attenderà l'invasione italiana. C'è da prevedere che il nemico avanzerà con grandi forze, rallentando soltanto, ma aspramente, dalla scarsità d'acqua e carburante. Disporrà certamente di notevoli forze corazzate per contenere e respingere le nostra più scarse, a meno che queste non vengano migliorate in tempo dal reggimento corazzato proveniente dalla Gran Bretagna. Coprirà, se non potrà dis-truggerla, Marsa Matruh. Ma se la linea principale del Delta, diligentemente fortificata e saldamente tenuta, il nemico sarà costretto a mettere in campo un esercito i cui riforni-menti d'acqua, petrolio, viveri e munizioni saranno molto difficili.
Quando questo esercito fosse seriamente impegnato, l'azione contro le sue linee di co-municazione da Marsa Matruh, per bombardamento del mare, per attacco a Sollum, o anche molto più a ovest, costituirebbe un colpo mortale per esso.

FANTERIA ITALIANA IN AVANZATA DURANTE UNA TEMPESTA DI SABBIA
(KURT CAESAR, 1941.COLLEZIONE DELL'AUTORE).

OPERAZIONE E:
L'AVANZATA ITALIANA SU SIDI EL BARRANI.

Il 15 luglio Badoglio ordinò che la 10a Armata dovesse essere pronta a muovere; subito dopo lo stesso Badoglio chiedeva un rinvio - per motivi climatici - dell'azione alla fine di ottobre. Graziani si disse d'accordo, ma a distanza di un mese appena, il 15 agosto, Mussolini in persona gli telegrafava che l'invasione dell'Inghilterra era decisa (tra una settimana o un mese) e che avrebbe dovuto attaccare in concomitanza, aggiungendo di assumersi - al riguardo - ogni responsabilità.

Graziani, da parte sua, aveva ordinato di organizzare, proprio per quella data, una Colonna celere corazzata - corrispondente all'incirca ad una brigata di formazione, ma subito dopo, il 19, sospendeva l'attuazione di quanto da lui stesso disposto in data 13, con un telegramma urgente cifrato indirizzato alla 10ª Armata motivando il contrordine con il fatto che la prevista colonna sarebbe risultata eccessivamente pesante ed avrebbe sottratto molti mezzi di fuoco al corpo d'armata.

Il giorno 15, venne deciso di riunire i carri esistenti (L 3 ed M 11/39) in un Comando Carri Armati della Libia, agli ordini del generale Valentino Babini, articolato su:

- 1° Raggruppamento carri armati (col. Aresca), con un btg. carri M e 3 btg. carri L; destinato ad operare con il XXIII corpo d'Armata;

- 2° Raggruppamento carri armati (col. Trivioli), con un btg carri M (su una sola cp.) e 3 btg. carri L, destinato ad operare con il gruppo divisioni libiche;

- 1 btg. misto carri armati (1 cp. carri M e 1 cp. carri L) destinato a operare con il Raggruppamento Maletti;

- LX btg. carri L (meno una compagnia) destinato ad operare con il XXI Corpo.

Con tale formazione, il Raggruppamento Aresca prese parte all'avanzata in Egitto.

La cronica mancanza di automezzi fece sì che all'offensiva verso l'Egitto avrebbero partecipato solo il XXIII Corpo d'Armata, comandato da Annibale Bergonzoli, il Gruppo divisioni libiche e il Raggruppamento motorizzato libico (altrimenti conosciuto come raggruppamento Maletti), che erano le uniche forze con automezzi. Il XXIII disponeva di circa un migliaio di mezzi di trasporto che andarono ad autocarrare la 1ª Divisione CCNN 23 *Marzo*, mentre le divisioni *Marmarica* e *Cirene* si sarebbero spostate a piedi. Il Gruppo divisioni libiche disponeva di circa 650 mezzi di trasporto i quali furono destinati la trasporto delle artiglierie, dei carri leggeri, dell'acqua, viveri, munizioni e carburante per tre giorni d'autonomia. Il Raggruppamento Maletti disponeva di circa 450 automezzi e risultava non solo completamente autocarrato ma altresì capace di una notevole autonomia logistica (circa 700 km).

I rimanenti Corpi d'Armata, il XXI ed il XXII, vennero invece dislocati come riserve. Il XXI si schierò nella zona di Cirene e il XXII a difesa della base di Tobruk.

Un primo piano d'offensiva venne valutato nei giorni tra il 22 e il 25 agosto 1940. Si trattava di un offensiva limitata volta a rendere sicura la frontiera cirenaica.

L'avanzata si sarebbe svolta su tre colonne. la prima sarebbe avanzata da Capuzzo verso Sollum; la seconda verso Gabr Bu Tares, la terza, seguendo la direttrice più meridionale, verso Sceferzer e Bir El Chreigat. Questo piano mirava a portare le truppe italiane sul ciglione dell'Hagiag el Aqasa ma considerato troppo modesto come ambizioni venne accantonato. Un secondo piano venne dunque studiato e presentato il 3 settembre 1940. Esso prevedeva una colonna, composta dal XXIII Corpo d'Armata., in avanzata da Capuzzo verso Sollum e quindi Sidi El Barrani. Una colonna più meridionale, con il Gruppo divisioni Libiche e il Raggruppamento Maletti doveva avanzare lungo la direttrice Sceferzer- Der el Brugg- Der el Hamr- Bir Habata- Bir er Rabia- Bir Enba. Questo piano avrebbe dovuto essere seguito dagli italiani. Graziani era preoccupato soprattutto per la colonna meridionale. Tra le due colonne ci sarebbero state difficoltà di collegamento a causa del ciglione dell'Hagiag El Aqasa.

Graziani prevedeva poi uno scollamento tra il raggruppamento Maletti e le divisioni libiche visto che le fanterie di queste ultime si sarebbero mosse a piedi; Graziani inoltre riteneva che il Raggruppamento Maletti sarebbe stato troppo debole per affrontare le forzebritanniche. Questo produsse un ulteriore cambiò che venne apportato a ridosso dell'offensiva.

Tutte le forze sarebbero avanzate su un'unica direttrice, quella costiera. Il piano d'offensiva prevedeva che fossero le divisioni libiche ad aprire il passo mentre le divisioni *Marmarica* e *Cirene* restavano in seconda schiera.

La divisione CCNN 23 *Marzo* e il 1° Raggruppamento carristi vennero posti in riserva. Il raggruppamento Maletti ebbe il compito di garantire il fianco destro dello schieramento da possibili incursioni da sud.

All'alba del 13 settembre 1940 ebbe inizio l'avanzata oltre confine su Sollum e Halfaya, il cui nome in codice era *Operazione E*; a sera, alle 20 la situazione era la seguente:

la 1ª Divisione Libica aveva occupata Sollum;

la 2ª Divisione Libica aveva occupato Passo Halfaya;

la Divisione *Cirene* era alle spalle della 2ª Div. Libica.

il Raggruppamento Maletti da Sidi Omar, lungo il confine, era arrivato fino a Neguet Ghirba (N.O. di Sidi Omar)

la Divisione *Marmarica* da Bir Hafid era entrata in Egitto raggiungendo Gabr bu Amud;

la Divisione CC.NN. *23 Marzo* da Gabr el Ahmar aveva raggiunto il confine a Gabr Asceran.

Alle 20 del 14 settembre, mentre le due divisioni libiche avevano avanzato nella piana, fra il mare ed il costone, per circa 20 km. oltre Sollum, la *Cirene* era sul costone a sud dell'Halfaya, la I Divisione CC.NN. *23 Marzo* aveva passato il confine ed aveva raggiunto zona Musaid, fra Capuzzo e Sollum; il Raggruppamento Maletti si trovava ad ovest di Sidi Omar. Il nemico si ritirava offrendo sporadiche resistenze di reparti corazzati.

Il 15 settembre venne organizzata una colonna motorizzata al Comando del Generale Bergonzoli, costituita dalla I Divisione CC.NN. *23 Marzo* e dal Raggruppamento Maletti con aliquote di truppe di C.A. La colonna, scavalcando le Divisioni Libiche, puntò su Sidi el Barrani. La Divisione *23 Marzo* fu divisa in due blocchi: a destra la 233ª Legione al comando del Console Nìccolo Nicchiarelli (Cons. Gen. Olivas), con un raggruppamento carri leggeri, a sinistra la 219ª Legione , con l'artiglieria divisionale.

Lo scavalcamento, effettuato fra molte difficoltà dovute alle cattive piste su cui transitavano 450 automezzi, venne completato solo alle 11,30, fortemente disturbato dall'artiglieria nemica e da mezzi meccanizzati. Inoltre le strade erano state minate ed i pozzi salati; devastata l'arteria costiera.

La sera del 15 settembre le truppe erano a est di Buq Buq e la Divisione *23 Marzo* già a 25 km. da Sidi el Barrani. Ripresa l'avanzata alle prime luci del 16, la colonna di sinistra (219ª Legione) veniva presto impegnata. Un tiro di artiglieria preciso, rapido, centrato, ne rallentava a più riprese il movimento costringendola a procedere appiedata per alcuni tratti. A piedi muovono a sinistra il CXIV battaglione ed a destra il CXVIII battaglione Su di essi si scatena un tiro rabbioso e celere. Le Camicie Nere avanzarono lo stesso piegando un po' verso il mare. L' artiglieria italiana controbatteva quella avversaria e il movimento in avanti era ripreso ed accelerato, destando l'ammirazione del Gen. Bergonzoli. Verso le 13, con movimento lento a causa del terreno sabbioso ed una deviazione a sud per sottrarsi al tiro nemico, la colonna di destra giungeva assai vicino all'abitato facendo sentire la sua minaccia. Il nemico era costretto a ripiegare in fretta le sue artiglierie e la colonna di sinistra poteva proseguire senz'altro sull'obiettivo senza altre difficoltà. Alle 14,15 la colonna di destra, che aveva già preso contatto con i suoi carristi lanciati all'attacco di mezzi avversari, raggiungeva la litoranea a 4-5 Km est di Sidi el Barrani. Alla stessa ora il comandante la Divisione *23 Marzo* entrava in Sidi el Barrani alla testa della 219ª Legione CC.NN. Alla sera dello stesso giorno 16 la dislocazione delle nostre truppe era la seguente:

Divisione CC.NN. *23 Marzo* - 10 km. est di Sidi el Barrani, dal mare a Samet-Omm - Himeisa.
Aliquota Raggruppamento Maletti - 5 km. est dell'abitato.
I Divisione Libica - 15 Km. ovest di Sidi el Barrani, a cavallo della litoranea.
II Divisione Libica - sulla pista sud, a Sawani el Khur.
Divisione *Cirene* a Bir Siuyat (sud est di Halfaya).
Divisione *Marmarica* a Gat bu Fares (sud di Capuzzo).

Le perdite totali delle truppe italiane nel periodo operativo dal 13 al 18 settembre sono così suddivise:

Divisione CC.NN. *23 Marzo*: 187.
Divisione *Marmarica*: 12.
Truppe di Corpo d'Armata: 140.
Divisione *Cirene*: 16.
Raggruppamento Maletti: 69.

L'esito della operazione fu favorevole. Le truppe dettero prova di elevate qualità guerriere e di fedeltà al dovere malgrado le eccezionali avverse condizioni di terreno, di clima e le bufere di ghibli. I nostri soldati, costretti a riposare sul nudo terreno, molestati da topi, da scorpioni e camaleonti, resistendo alle alte temperature ed ai forti sbalzi di queste, alimentati con salmone e carne in scatola, tormentati dalla sete, fecero magnificamente fronte alla crisi dei rifornimenti; scavarono fossi nelle dune sabbiose per raccogliere l'acqua che l'atmosfera surriscaldata di giorno cedeva al terreno raffreddandosi durante la notte. Si ebbe subito la dimostrazione della inefficienza e della conseguente inutilità dei carri leggeri L.

A prescindere dalla debole corazzatura e dallo scarso armamento, dei 52 impiegati nell'avanzata, al termine dell'operazione gli efficienti erano solo 17.

La relazione ciclostilata sulle *Operazioni per la presa di Sidi Barrani*, così sintetizzò l'azione dei corazzati di Aresca:

[...]
7° - Raggruppamento c.a. Aresca - I carri, sia M sia L, hanno seguito tutti cingolati la colonna motorizzata. Sono state due giornate difficili per i carri, tanto più che il «ghibli» ha complicato l'ambiente facendo oltremodo salire dalle 10 alle 16 la temperatura dei carri (si sono raggiunti i 70°). Si sono avuti verso la fine delle 2 giornate operative parecchi   svenimenti   di   piloti.
- La media velocità tenuta dalla colonna motorizzata è stata troppo alta per i carri cingolati. Essi hanno tenuto un'andatura costantemente sforzata e ne sono seguite avarie, che in tali condizioni erano inevitabili. D'altra parte non era possibile regolare diversamente la marcia, per non produrre nella colonna separazioni che avrebbero potuto creare difficoltà serie in caso di incontro col nemico. È opportuno pertanto che la «colonna motorizzata» regoli la marcia sul mezzo meno rapido, del quale non può fare a meno per la sua sicurezza.

- Un impiego unitario dei carri M ed L è mancato, nella fase culminante dell'azione su Sidi Barrani anche per la natura del fondo del terreno che rese pressoché impossibile, per le eccessive avarie, un proficuo impiego dei carri L (situazione carri predetti al termine   azione   17   efficienti   su   52).
È indubbio però che un'unità corazzata del tipo del raggruppamento in argomento, non può mancare, in questo ambiente e contro un nemico dotato di forti elementi corazzati, di dare nella fase risolutiva dell'azione un apporto di carattere decisivo con un'azione ad ampio raggio, qualora siano migliorate le caratteristiche dei carri leggeri.

Così le operazioni che portarono alla presa di Sidi el Barrani vennero riassunte nei Bollettini emanati dal Comando Supremo, non sempre pienamente rispondenti alla realtà:

BOLLETTINO N° 100 - *15 settembre*
In Cirenaica nostri reparti avanzati hanno oltrepassato il confine ed impegnato vivaci combattimenti contro elementi avversari. L'aviazione nostra partecipa attivamente, attaccando con bombardamenti ed a volo radente concentramenti di mezzi meccanizzati nemici. Due velivoli avversari tipo *Blenheim* sono stati abbattuti.

BOLLETTINO N° 101 - *16 settembre*
Nostre avanguardie hanno occupato ed oltrepassato Sollum. Sono stati distrutti una cinquantina fra carri armati ed autoblindo nemi-che. Reparti nemici in ritirata hanno incendiato numerosi depositi e subito gravi perdite per l'azione molto intensa della nostra avia-zione.

BOLLETTINO N° 102 - *17 settembre*
Nella giornata di ieri, aspri combattimenti si sono svolti nella re-gione di Sidi el Barrani fra le nostre truppe avanzanti e formazioni corazzate inglesi. In mezzo a nubi di sabbia sollevata dal ghibli in-focato del Sahara, la battaglia continua. Si nota qualche sintomo di crisi nello schieramento nemico.

BOLLETTINO N° 103 - *18 settembre*
Nell'Africa settentrionale truppe metropolitane e truppe libiche — che anche in questa azione hanno pienamente confermate le loro alte virtù guerriere e l'assoluta fedeltà all'Italia — proseguendo nella loro vittoriosa avanzata hanno occupato Sidi el Barrani, a 100 chilometri in linea d'aria dal vecchio confine cirenaico, e stanno procedendo alla organizzazione della nuova base e delle retrovie. La tenace resistenza del nemico — appoggiata da formazioni corazzate — è stata ovunque infranta. La nostra aviazione è ripetutamente inter-venuta con azioni di bombardamento e mitragliamento. Cinque apparecchi nemici tipo *Gloster* sono caduti in fiamme, uno è stato probabilmente abbattuto. Quattro nostri apparecchi non sono rientrati alla base.

Per quanto riguarda le reazioni a Roma all'evolversi degli eventi africani, così annotava Galeazzo Ciano nel proprio *Diario* circa gli sviluppi dell'*Operazione E* e lo stato d'animo del Duce, dapprima scettico verso Graziani, di cui ventilò la sostituzione, e via via sempre più euforico:

7 SETTEMBRE 1940. Consiglio dei Ministri. Il Duce, in fine di seduta, fa alcune dichiara-zioni di ordine politico. Comincia con l'affermare che a suo avviso la guerra è ormai destinata a protrarsi oltre l'inverno, benché ritenga certo lo sbarco dei germanici in Inghilter-ra. Per quanto più direttamente ci concerne, ha rifatto la storia dell'attacco in Egitto: dovrebbe avere avuto inizio oggi, senonché Graziani ha chiesto la proroga di un mese. Badoglio era favorevole alla proroga. Mussolini l'ha negata, prendendo su di sé la responsabilità della decisione. Se Graziani non attacca lunedì, sarà sostituito. Ed anche alla marina ha dato l'ordine di muovere incontro alla flotta britannica e dar battaglia. Per il più lontano avvenire, ha detto ch'egli è ormai sicuro che tra il 1945 e il 1950 la guerra scoppierà tra l'Asse e la Russia. Per quell'epoca avrebbe già impostato il programma di armamenti, sulla base di cento divisioni.

8 SETTEMBRE 1940. Graziani ha risposto che obbedisce: l'attacco avrà inizio domani. Molti tecnici militari sono scettici. Tra gli altri il Principe di Piemonte che ha fatto con me le più ampie riserve sulla possibilità e sulla opportunità dell'impresa. Lo scontro navale per ora non ha avuto luogo, tanto più che la ricognizione aerea non ha individuato la rotta della squadra di Gibilterra. 9 settembre 1940. L'attacco in Egitto ha subito un nuovo

ritardo. Graziani sta serrando sotto e si prepara a cominciare l'azione il 12. Mai un'oper-azione militare è stata compiuta tanto di controvoglia dai comandanti.

11 SETTEMBRE 1940. Si conferma per domani l'inizio dell'attacco in Egitto. Anche il Generale Carboni, che non ha mai fatto gli ottimismi a buon mercato, dice che l'arrivo a Marsa Matruh è facile e ad Alessandria possibile.

13 SETTEMBRE 1940. Ribbentrop telefona da Berlino: vuole venire a Roma in settima-na prossima per conferire su due argomenti: Russia e America. L'idea del viaggio può essere utile. Do il benestare. Graziani avrebbe dovuto attaccare, ma finora non abbiamo notizie precise.

14 SETTEMBRE 1940. L'attacco in Egitto è cominciato. Gli inglesi, per ora, si ritirano senza combattere. Vogliono allontanarci dalle basi e allungare le nostre vie di riforni-menti. Il Duce, che si è rimesso di buon umore, considera l'arrivo a Marsa Matruh come una grande vittoria, soprattutto perché allora la nostra aviazione potrà attaccare Ales-sandria scortata dalla caccia, cioè di giorno.

16 SETTEMBRE 1940. Mussolini è eccitato per l'andamento per la marcia in Egitto. Però è arrabbiato con Berti, che per la sua lentezza, ci avrebbe fatto perdere il bottino. Sta di fatto che per ora nessun combattimento ha avuto luogo: soltanto qualche scontro di retroguardia.

17 SETTEMBRE 1940. Sembra che in Egitto le cose vadano di bene in meglio,. Gli in-glesi si ritirano con una velocità imprevista. Secondo gli esperti militari, la resistenza avrà luogo a Marsa Matruh: altri ritengono invece ad Alessandria. Mussolini è raggiante: ha preso sulle sue spalle l'intera responsabilità dell'offensiva ed è fiero di aver avuto ra-gione .

Per la sintesi delle operazioni svoltesi dal 14 settembre al 17 settembre è im-portantissimo leggere il *Diario Storico del Comando Supremo*, documento tanto fondamentale quanto poco noto:

14 settembre 1940.
Operazioni in Egitto.
Maresciallo Graziani informa: La situazione alle ore 18.00 del 13 era la seguente:
 – Prima Divisione libica: Neqb el Asida
 – Seconda Divisione libica: Passo Halfaia
 – XXIII C.A in seconda schiera
 – Raggruppamento Maletti: Ghirba
 – Durante la giornata del 13, l'avanzata è stata vivamente contrastata dai mezzi coraz-zati e aviazione nemica.
 -Mattina del 14 settembre, è stata ripresa l'avanzata.

15 settembre 1940.
Operazioni in Egitto.
Maresciallo Graziani informa: l'avanzate delle nostre colonne ha proseguito per tutta la giornata del 14.
Situazione alle ore 18 del 14 settembre:
– Prima Divisione libica: Bir Thidan el Khadim (a 25 km da Bug Bug);
– Seconda Divisione libica: sulla destra è quasi altezza della Prima D.L.
– Colonna Maletti in movimento su Halfaia;

– Divisione *Cirene*: a Bir Siuyat.

L'avanzata è stata contrastata fortemente da mezzi meccanizzati nemici sostenuti da artiglieria e aviazione. Sinora risultano distrutti in combattimento una dozzina fra carri armati e autoblindo e una trentina di automezzi.

Questa mattina si è iniziata la manovra decisiva di elementi celeri su Sidi–el–Barrani.

Per quanto concerne l'attività aerea il Maresciallo Graziani comunica:

– Durante la giornata del 14, in relazione alle operazioni terrestri in corso, è stata svolta intensa attività aerea;

– Nella notte nostri aerei hanno ripetutamente bombardato aeroporti ed impianti a El Dab'à, provocando vasti incendi;

– Nostre formazioni da bombardamento e d'assalto a volo radente, hanno sottoposto ad efficaci offese, concentramenti di mezzi meccanizzati nemici fra Bir el Chreigat e Der el Brugh e Bir Hamra;

– In combattimento con aerei nemici, che hanno bombardato nostre truppe (danni lievi), sono stati abbattuti due caccia.

16 settembre 1940.

La situazione delle forze italiane alla sera del 15 settembre era la seguente:

– Divisione celere *XXIII Marzo*: a 10 km ad est di Bug Bug;

– Gruppo Divisioni libiche: tra Bug Bug e El Sauani el Hilwa;

– Gruppo Maletti: a 15 km da Bug Bug;

– Il nemico ha ritirato tutti i mezzi scaglionati da Bir El Chreigat a Bir Sofafi (direttrice sud) incendiando tutti i depositi e subendo gravi perdite per l'intensa azione aerea nostra (12 velivoli d'assalto e 12 velivoli da caccia hanno effettuato due azioni di spezzonamento e mitragliamento di mezzi motorizzati in ritirata).

– Complessivamente 82 apparecchi CR.42 si sono alternati nella protezione delle nostre colonne in marcia.

All'alba del 16 settembre è stata ripresa l'avanzata su Sidi–el–Barrani.

Alle ore 15,30 circa, le truppe della divisione *XXIII Marzo* hanno occupato questa località vincendo la tenace resistenza ancora opposta dalla 64 divisione corazzata inglese.

Nostri reparti motorizzati inseguono il nemico verso Marsa Matruh e verso sud in direzione di Bir Enba, Bir Rabia, Bir Sofafi, per tagliare la ritirata a forti nuclei meccanizzati nemici che risultano in quella zona.

17 settembre 1940.

Il Comandante Superiore A.S.I comunica:

– Nessun risultato delle azioni di inseguimento effettuato da nostri reparti verso Marsa Matruh e verso sud, in direzione di Bir Enba, Bir er Rabia, Bir Sofafi, per tagliare la ritirata a forti nuclei motorizzati nemici, che ieri 16 risultavano ancora in quelle zone;

– Riserva di comunicare ulteriori notizie sulla situazione che è in via di assestamento.

Il Maresciallo Graziani:

– Fa presente che, da imponenza che vanno assumendo i problemi del genio è indispensabile l'invio di un generale dell'Arma, di cui segnala un nominativo;

– Rappresenta che dopo l'occupazione di Sidi–el–Barrani si rende indispensabile una lunga sosta:

– Per concentrare altri mezzi;

– Per le necessità di riordinamento delle unità dopo 8 giorni di movimento in condizioni climatiche quasi proibitive;

– Per permettere l'afflusso di rifornimenti in una zona priva di ogni risorsa, compreso quella idrica, poiché gli inglesi hanno reso inutilizzabili i numerosi pozzi esistenti a Sidi el Barrani;

– Per l'assoluta necessità di provvedere alla sistemazione stradale da Sollum a Sidi–el–Barrani, (la pista preesistente è quasi impraticabile).

18 settembre 1940.
 Il Maresciallo Graziani comunica:
– Le nostre truppe stanno consolidando l'occupazione di Sidi el Barrani, estendendola verso sud–est;
– La notte sul 18, è stata caratterizzata da intensa attività aereo– navale nemica (bombardamento di Sidi el Barrani e dalla costa tra Sollum e Bardia, e da ripetute azioni aeree contro Sidi el Barrani) contrastata da efficace reazione della nostra aviazione[13].

Le perdite subite dagli italiani in tutto il periodo dal 13 al 18 settembre ammontarono a 120 morti e a 410 feriti, un terzo dei quali ascari libici.
Molti furono gli automezzi in avaria più per il logorio subito in quell'ambiente naturale che per effetto dell'offesa nemica.
La 5° squadra aerea perse sei apparecchi, due dei quali per incidenti vari. Le perdite britanniche denunciate da Wavell furono inferiori ai 50 uomini con un modesto numero di veicoli danneggiati o catturati.
Nella propria Relazione inviata il 18 settembre al Comando Supremo, Graziani concludeva triofante:

Ci si domanda quando gli inglesi cominceranno a capire che hanno a che fare col più forte esercito coloniale del mondo e quando finalmente impareranno a conoscere il valore del soldato italiano. Lo apprenderanno quanto prima.

Il ventinove settembre Graziani raggiunse Roma e incontrò il Duce nel suo studio di Palazzo Venezia, dopo che Badoglio l'aveva convocato in Italia su ordine di Mussolini. Il Duce dopo aver interrogato Graziani sulla situazione generale dell'offensiva appena compiuta in Egitto, ordinò di raggiungere Marsa Matruh nel mese di ottobre. Mussolini finì il colloquio con le seguenti parole

Il mese di luglio ci ha dato la Somalia inglese, settembre Sidi el Barrani, ottobre potrà darci Marsa Matruh. Questo ci permetterà di portare avanti la nostra aviazione che sarà allora in grado di spingere il bombardamento su Alessandria. Per se stessa Marsa Matruh non è che un nome, ma quello che interessa è che noi procediamo inanzi. D'altra parte io non mi fisso mai su obiettivi territoriali. Conseguentemente a queste direttive voi potrete riprendere la marcia verso la metà di ottobre.

Graziani rispose che doveva rientrare in Libia prima di dare un giudizio sulla fattibilità dell'avanzata, ma pose riserve per un successivo sbalzo a Marsa Matruh.
Appena uscito da Palazzo Venezia, Graziani si recò a colloquio con il ministro degli Esteri, il conte Galeazzo Ciano,genero di Mussolini. Nel memoriale difensivo di Graziani è presente uno stralcio del suo diario personale. Alla data del trenta settembre (pagina 101 del memoriale) si trova il sunto del colloquio del Marescillo con Ciano.

---

13 A.Biagini, F. Frattolillo, *Diario Storico del Comando Supremo (1.9.1940 - 31.12.1940)* Vol. II, Roma,1988, p. 79.

Questa mattina sono stato ricevuto dal Conte Ciano che mi accoglie con molta cordialità. Egli entra in argomento sulla ripresa delle operazioni in Libia e mi chiede notizie al riguardo.

Gli espongo nettamente quanto si era svolto nel giorno odierno e gli preciso che io non vedo affatto la possibilità di muovere verso il 15 ottobre.

Il Conte Ciano allora mi dice che questa urgenza è imposta da ragioni politiche ed aggiunge che il Duce ha grande fiducia in me e che vede con piacere la possibilità che io, in questa guerra, da rango di condottiero nazionale, possa assurgere a quello internazionale.

Rispondo che io sono molto lusingato della benevolenza e stima del Duce, ma che, appunto perché mi sento fiero di essa, non posso lasciarmi trascinare da ambizioni che mi potrebbero condurre ad amarissime conseguenze e che ritengo con questo di servire in vera lealtà ed onestà di intenti la Patria ed il Duce stesso.

Il Conte Ciano cerca di insistere per convincermi, ma io confermo il mio punto di vista e cioè che, prima di muovere in avanti, occorre dar vita alla organizzazione necessaria, ed allo afflusso dei mezzi mancanti – il che potrà verificarsi verso la metà di dicembre. Ciano mi dice allora: E se il Duce ti desse l'ordine di muovere?.

 In questa evenienza rispondo, i casi sono due; o io mi rifiuto ed allora posso anche incorrere nel codice penale– od io ciecamente obbedisco ed allora si può andare incontro ad una disfatta di cui non sarò il responsabile.

Concludo pregandolo di rappresentare al Duce che comunque, da parte mia, nulla sarà trascurato per accelerare i tempi e si rimane d'accordo che qualora io debba rimettere documenti di grave interesse allo Stato Maggiore Generale, ne invierò contemporaneamente copia a lui che la rimetterà al Duce in via segreta. Così ha termine il colloquio.

Nel Diario di Galeazzo Ciano, alla data del due ottobre 1940 si legge, a riguardo al colloquio con Graziani:

Il Duce è molto lanciato per un prossimo attacco su Marsa Matruh ed è irritato con Badoglio perché ha escluso che l'azione possa venire compiuta in ottobre. Ne parlo con Graziani, perché il Duce vuole sapere come in realtà la pensi. Graziani ritiene di dover attendere parecchio tempo– almeno tutto novembre – per completare la preparazione logistica, unica, vera, definitiva garanzia di successo. Teme che a Marsa Matruh gli inglesi possano resistere per un periodo abbastanza lungo: se i nostri rifornimenti non funzionassero, sarebbe necessario ritirarsi. E. nel deserto, la ritirata è una rotta.

 Queste considerazioni, riferite da Ciano a Mussolini non preoccuparono il Duce che anzi, il quattro ottobre si era incontrato al Brennero con Hitler, nel corso del quale vertiche il Führer aveva offerto l'aiuto tedesco, che il Duce rifiutò. Annota Ciano:

Il Duce espone quindi il suo piano di guerra per quanto concerne l'Egitto. Dice che tra breve si passerà alla seconda fase dell'offensiva che dovrà portare le nostre truppe a Marsa Matruh ed espone l'importanza strategica di tale obiettivo. Infine avrà luogo la terza fase dell'offensiva che ci dovrà condurre sul Delta del Nilo ed alla occupazione di Alessandria. Il Führer, facendo presente che gli italiani partecipano con forze aeree alla lotta contro le Isole britanniche, offre al Duce il contributo delle sue forze specializzate per l'attacco contro l'Egitto. Il Duce risponde ringraziando e dicendo che non ha bisogno di alcun aiuto per la seconda fase dell'offensiva, mentre si riserva di far conoscere al Führer quanto potrebbe essergli utile per la terza fase. Fin d'ora però può dire che le sole cose che potrebbero occorrere sono gli autocarri, un'aliquota di carri pesanti ed alcune formazioni di Stukas.

Il Führer si dichiara pronto a fornire tali mezzi quando egli farà conoscere essere giunto il momento più opportuno.

Mussolini si era quindi recato alla Rocca delle Caminate, da dove aveva stilato per Badoglio un appunto da consegnare a Graziani prima del suo rientro in territorio libico.

Mussolini diede le direttive per lo sviluppo delle operazioni in Egitto:

1. La presa di Sidi el Barrani è stata un indiscutibile brillante successo tattico ed un altrettanto indiscutibile successo politico in quanto ha determinato una crisi nel Governo egiziano e rilevato una divisione nella classe politica di quel paese.

2. Solo con la presa di Marsa Matruh il successo da tattico diventerà strategico e potrà avere conseguenze ancora più importanti dal punto di vista politico.

3. L'operazione su Marsa Matruh deve iniziare entro il 10/15 di questo mese poiché è mia convinzione che i mezzi di cui dispone attualmente Graziani sono sufficienti allo scopo e nel tempo fissato. Gli effettivi sono quasi intatti. Superiorità netta– al momento attuale – di artiglieria, carri armati, aeroplani.

Superiorità nel morale. Tutto ciò risulta dal molto interessante rapporto orale di Graziani. Resta il problema logistico, che ha un solo aspetto particolarmente serio: quello dell'acqua. Ma in ottobre occorre meno acqua che in piena estate.

4. Il caterpillar e le altre richieste di Graziani possono essere soddisfatte nella misura del possibile e giungeranno sempre in tempo utile se è per il momento in cui dovremo impegnare la grande battaglia sul Delta.

5. La temperatura desertica dell'ottobre è tollerabile per truppe italiane ormai allentate, ma può essere sempre dura per gente del nord o gente nuova non ancora allenata.

6. E mia convinzione che gli inglesi non difenderanno Marsa Matruh se non nella misura strettamente necessaria per ritardare la nostra marcia e disimpegnare le loro formazioni.

7. E' vero che rinviando l'attacco a novembre si spedisce altro materiale in Cirenaica, ma è altrettanto vero che in eguale e forse maggiore misura si rafforzano gli inglesi. E' ormai dimostrato che chi attacca non può perdere tempo.

8. Bisogna rendere ermetico il Canale di Sicilia in modo che giunga più nulla da ponente, dal momento che l'attività della nostra aviazione in A.O., per le note ragioni, non può che mediocremente disturbare i convogli che passano nel Mar Rosso.

9. Giunti a Marsa Matruh, vedremo quale dei due pilastri della difesa mediterranea inglese debba essere abbattuto: se l'egiziano o il greco .

Fu il greco. Le truppe italiane di Visconti Prasca varcarono il confino epirota la notte del 28 ottobre, in quella che doveva essere una passeggiata militare che presto si tramutò in un incubo.

Il giorno dopo l'invasione della Grecia, il 29, Graziani venne nuovamente invitato ad attaccare Marsa Matruh. Mussolini gli scrisse che

...Non ha senso avere 16 mesi per prepararsi, avere 15 divisioni a disposizione e portare a casa appena Sidi el-Barrani.

Ai primi di novembre 1940 giunse in Libia il III battaglione Carri M con i primi 37 M13-40. Nel frattempo il Comando Carri Libia venne trasformato in Brigata Corazzata Speciale, comandata dal generale Babini il 25 novembre; il generale Berti per motivi di salute lasciò temporaneamente il comando della 10ª Armata al generale Gariboldi che ne assunse il comando *ad interim*.

Presto il fronte greco divenne quello principale, e dell'offensiva su Marsa Matruh non si parlò più.; il fronte africano veniva ritenuto stabile mentre in Grecia le cose andavano molto male; pertanto il sette novembre 1940 il Capo di Stato Maggiore Generale Badoglio inviò a Graziani un telegramma che riassumeva la situazione strategica italiana:

Dopo l'inizio delle operazioni contro la Grecia la linea di condotta strategica della guerra si può ritenere così definita:

1) dall'Albania azione offensiva aereo–terrestre a fondo per l'integrale occupazione della Grecia;
2) dalla Madrepatria azione offensiva aerea di concorso all'azione 94 offensiva in Grecia, rivolta specialmente contro gli impianti terrestri e navali del nemico;
3) dalla Libia azioni aeree e terrestri limitati alla conquista di Marsa Matruh, da dove poi, sistemati saldamente a difesa, svolgere un'attiva vivace azione aerea sul porto di Alessandria per rendere impossibile la vita alla flotta inglese;
4) nell'Egeo azione difensiva aereo – terrestre – marittima, intesa al mantenimento del possedimento ed azione offensiva aerea e navale contro le flotte inglese e greca;
5) nell'Impero azione aereo–terrestre intesa essenzialmente a durare;
6) per la Marina protezione del traffico con l'Albania e l'Africa Settentrionale e forze navali in potenza per opporsi alle eventuali offese da parte delle forze nemiche.

Da quanto sopra risulta:

– che la principale operazione da condurre è quella che ha per obiettivo l'occupazione integrale della Grecia, la quale assorbirà una grande quantità di truppa (da venti a venticinque divisioni) e di materiali ed impegnerà la maggior parte dei mezzi navali, da guerra e onerari, per effettuare i trasporti ed assicurare i collegamenti;
– che le operazioni in Egitto, con obiettivo limitato alla occupazione di Marsa Matruh, dovranno essere adeguate alla nuova situazione.

A seguito e conferma del mio foglio 3542 Op in data due corrente mese, Vi prego pertanto, Eccellenza, di voler rivedere i vostri progetti, adeguando le richieste alle nuove più limitate esigenze di carattere operativo e tenendo presente che gli avviamenti di automezzi indicateVi dallo Stato Maggiore dell'Esercito con foglio 09600/341 in data 1° corrente mese non subiranno varianti in conseguenza dell'attuale situazione. Anche i progetti operativi relativi alla frontiera tunisina (mi riferisco al Vostro foglio 01/1775 in data 25 ottobre) dovranno essere adeguati ai limitati mezzi disponibili per quello scacchiere.

Invano Graziani tempestò Badoglio per avere mezzi e rifornimenti:

(...) Vi prego, Eccellenza, di far si che i mezzi approntati o in approntamento a Napoli siano al più presto caricati su due o tre piroscafi speciali ed immediatamente dirottati su Tripoli.

Io Vi rammento (e lecito anche far questo quando è in giuoco il supremo interesse della Patria, che Voi tutelate) il grido che Voi mi avete lanciato nella Vostra marcia su Addis Abeba, al quale facendo sforzi inauditi per venirvi incontro io non rimasi sordo per completare la Vostra Vittoria che fu solo allora totalitaria.

Vi mando il generale Giordano che ha l'incarico di presiedere all'imbarco dei mezzi. Egli potrà dirVi a voce tutto quello che Voi vorrete chiedergli senza riserve da parte mia come ho sempre autorizzato a fare da parte di tutti gli ufficiali di S.M. inviati latori dei miei documenti. Con questa mia lettera ho detto l'ultima mia parola.

Il mio sforzo non può andare oltre i limiti del possibile, dell'umanità e della Volontà più decisa. Io non vorrei trovarmi al tragico momento di aver realizzato con sforzo immane strada ed acqua, e dover ancora procrastinare per il resto. Allora certamente la responsabilità degli avvenimenti non potrà ricadere solo su di me di fronte alla Patria che sola è immortale[14].

Non ricevette nulla.

---

[14]Graziani a Badoglio, 14 novembre 1940 XVIII.

UN CAPRONI *GHIBLI* CA 309 AFFRONTA DA SOLO SEI *SUPERMARINE SPITFIRE*
MK V B BRITANNICI
(DISEGNO DI KURT CAESAR, 1941.COLLEZIONE DELL'AUTORE)

OPERATION COMPASS :
WAVELL CONTRATTACCA.

Il mattino del 19 novembre il generale Gallina, comandante delle divisioni li-
biche, venne informato che l'aviazione aveva spezzonato autoblindo nemiche a
Bir Enba e nelle zone di Alam Abu Hileiuat ad una trentina di chilometri a sud di
Sidi el Barrani, e che unità meccanizzate erano in sosta a nord ovest di Alam el
Heilif; Gallina ordinò che le due colonne celeri, muovendo rispettivamente dalle
posizioni avanzate di Alma el Tummar e di Alam Nibeua, puntassero su Alam
Abu Heleiuat, col compito di esplorare la zona in un raggio di tre chilometri.
La 2a Libica doveva tenere in riserva un'altra colonna.
Alle 12,40 la colonna Maletti, arrivata per prima a Alam Abu Heleiuat e fatta
segno a tiri di artiglieria ed attaccata da autoblindo e carri, si impegnò in un as-
pro duello con i britannici. Verso le 13.00 sopraggiunse la colonna della 2a Libica, che subito, intervenne con il fuoco, reagendo al tentativo avversario di avvolgere i suoi fianchi. Dopo una dura lotta, i reparti britannici venivano respinti; tuttavia, durante il rientro alle basi delle unità italiane, essi tornarono alla carica
provocando vivaci combattimenti di retroguardia, risolti a favore di Gallina anche per l'intervento di una squadriglia di Ba.65 che effettuò mitragliamenti a bas-
sa quota. Contemporaneamente, un gruppo di CR. 42 affrontava una forza aerea nemica, riuscendo ad abbattere sei *Gloster* senza subire perdite. Era inoltre
accorsa la colonna di riserva, inviata dalla 2a divisione Libica.
Malgrado il successo italiano, erano emerse numerose pecche nell'azione: il generale
Gallina si espresse con molta franchezza:

se queste colonne avevano lo scopo di tenere in rispetto l'avversario sarebbe stato sufficiente la perlustrazione saltuaria nel raggio di sette–otto chilometri e, quindi, nelle zone
fra l'una grande unità e l'altra. Se, invece, il loro scopo era di ricercare e di ingaggiare il
combattimento con formazioni meccanizzate britanniche per catturare e distruggere loro
elementi, esse non erano affatto idonee, con i mezzi di cui al momento disponevano, a
conseguire tale fine. Difatti il nemico contrapponeva a dette colonne – costituite, nella
migliore delle ipotesi, da una massa di autocarri trasportanti artiglierie e da una scarsa
aliquota di carri – mezzi più veloci più potenti e meglio protetti appoggiati da artiglierie
più mobili ed a braccio più lungo .

Le colonne italiane, scrive il generale Montanari, ad un dato momento, o,
perché arrivate sull'obiettivo, o perché costrette dall'azione nemica, comunque
per esplicare la loro unica caratteristica positiva (la potenza di fuoco della artiglieria a medio e grosso calibro montata sopra i carri delle autocolonne), erano
costrette a fermarsi: ma quando dovevano fare ritorno alle rispettive posizioni, si
trovavano ad affrontare la crisi del distacco e del ripiegamento. E il ripiegamento
imponeva, con l'alternarsi degli scaglioni, il dimezzamento delle forze per fronteggiare Il nemico, che naturalmente raddoppiava la propria aggressività.
Gallina scrisse nella relazione al comando d'Armata:

In queste azioni di combattimento rifulgerà, come finora ha rifulso, la capacità ed il valore dei nostri comandanti e dei nostri gregari, ma non potremo mai mettere al nostro attivo un chiaro tangibile successo.

Alla vigilia dell'*Operation Compass*, gli italiani, almeno sulla carta, avevano forze ingenti, raccolte intorno e davanti a Sidi el Barrani. In sei campi trincerati (quattro a Nibeiwa, Tummar e in un luogo chiamata Quota 90, tutti a sud della strada costiera, uno a Maktila immediatamente a nord della strada e uno ad est di Sidi el Barrani stesso) erano schierate le due divisioni libiche, la 4ª divisione Camicie Nere *3 Gennaio* e nel campo di Nibeiwa una formazione *ad hoc* in tutto equivalente ad una divisione,il raggruppamento Maletti. Di riserva vi era una divisione in altri quattro campi trincerati intorno a Bir Sofafi e Bir el Rabia, a sud ovest di Sidi el Barrani e lungo il margine sud del ciglione. Un'altra divisione si trovava a sud della strada costiera, tra Buq Buq e Sidi el Barrani, ed altre due più a ovest, vicino a Sollum, Sidi Omar e Capuzzo, dall'altra parte del passo Halfaya.
Per quanto riguardava i mezzi corazzati, la situazione italiana, al primo dicembre, era la seguente:

- I e II battaglione carri M 11/39 (dei quali in efficienza 22 carri su 72);
- III battaglione carri M 13/40 (37 carri), all'epoca i migliori disponibili in A.S.;
- 7 battaglioni carri L (309 carri leggeri tra L 33 ed L 35).

Le difese italiane erano costituite da grossi capisaldi muniti di artiglierie pesanti e leggere; ma i capisaldi non erano collegati adeguatamente tra di loro a causa della mancanza di forze mobili che potessero arginare un'eventuale penetrazione nemica in un singolo caposaldo.

Il dispositivo difensivo nemico – scrisse il generale Wavell nelle sue memorie – mi sembrava molto difettoso e lacunoso. Si estendeva su un'ampia fronte con una serie di accampamenti fortificati, che non erano in grado di darsi assistenza reciproca e separati da ampi intervalli. La sua difesa mancava, inoltre, di profondità.

In realtà dato lo stato delle forze italiane presenti nella zona, oggettivamente non era possibile costituire una difesa più forte. A Graziani mancavano le forze corazzate per contro manovrare il nemico, mancavano gli automezzi per spostare celermente unità fresche di riserva nei punti critici dello schieramento attaccato da forze meccanizzate nemiche, mancavano cannoni anticarro. Le sistemazioni difensive erano sparpagliate nella zona a sud di Barrani e nel deserto poiché era necessario coprire il fronte sud da eventuali penetrazioni di forze corazzate in quel punto del fronte.
La collocazione tattica difensiva in quella regione era sostanzialmente corretta.
L'errore principale stava nell'occupazione stessa di Sidi el Barrani, una località che mal si prestava per una difesa statica, come quella italiana. La soluzione migliore sarebbe stata quella di ripiegare verso Sollum–Halfaia dove era presente un promontorio facilmente difendibile oppure ripiegare in territorio cirenaico e difendere Bardia e soprattutto Tobruk, le due piazzaforti italiane.
Tanto valeva, dunque non attaccare affatto nel settembre 1940, oppure attaccare solo la località di Sollum (come era l'idea principale di Graziani nella mem-

oria operativa del ventinove luglio). L'idea comunque di un ripiegamento nel dicembre 1940 era impensabile, sia perché l'ordine di ritirata non sarebbe mai potuto giungere da Mussolini non avrebbe, per questioni di prestigio, dare l'ordine di ritirata sia perché anche se per ipotesi fosse stato dato, le truppe italiane erano appiedate, ed una ritirata nel deserto, a piedi avrebbe comportato una disfatta assoluta.

O'Connor disponeva per l'attacco di circa 40.000 uomini: la 4th *Indian Division* , la 7th *Armoured Division* ed una formazione nota come *Selby Force*, comprendente tre colonne mobili di fanteria, un reparto di carri armati ed alcuni cannoni da campagna e contraerei leggeri 1.750 uomini in tutto che avevano fatto parte della guarnigione di Marsa Matruh, al comando del generale di brigata A. R. Selby. Il comando della *Western Desert Force* era a Maaten Bagush, sulla costa, circa 40 km ad est di Marsa Matruh. Maitland Wilson vi si trasferì durante la prima settimana di dicembre e O'Connor, con il suo capo di stato maggiore, generale di brigata John Harding , il 6 dicembre si mise in movimento con le proprie truppe.

Inoltre dall'11 dicembre era giunta in rinforzo la 6th Australian Division, composta dalle 16th e 17 th Australian Infantry Brigade, dalla 16th Infantry Brigade (distaccata dalla 4th Indian Division) e dal 7th RTR (distaccato dalla 7th Armoured Division) e dallaSelby Force (dalla forza di una brigata).

La marcia di avvicinamento nei primi due giorni fu di quasi 100 km di terreno scoperto privo di vegetazione venne compiuta di giorno e da due divisioni con centinaia di veicoli senza che gli italiani ne avessero alcun sentore. Per due notti queste forze si accamparono nel deserto, circa 16 km ad ovest di Bir el Kenayis, sulla strada Marsa Matruh- Oasi di Siwa. Poi, nel pomeriggio di domenica 8 dicembre, protette da basse nubi che rendevano difficile la ricognizione aerea italiana, mossero verso la zona di raccolta ubicata nel deserto immediatamente a sud di Maktila e circa 90 km ad ovest della strada Marsa Matruh- Oasi di Siwa, alle 17 le truppe erano tutte riunite. Finora le due divisioni avevano proceduto insieme, durante la notte tra l'8 e il 9 dicembre si separarono e la 7th *Armoured* puntò ancora più ad ovest, per essere in grado di operare su una zona più ampia, dietro ai campi trincerati italiani, a sud della strada tra Sidi el Barrani e Buq Buq.

L'attacco iniziale ai campi trincerati di Nibeiwa e Tummar doveva essere lanciato dalla 4th *Indian Division*, proveniente da ovest. La *Selby Force*, che lasciò Marsa Matruh il 9 dicembre, puntando ad ovest lungo la strada, doveva bloccare Maktila e premere verso Sidi el Barrani stesso.

Il dieci dicembre il presidio di Sidi el Barrani (1a divisione Libica e 4a divisione CCNN *3 Gennaio*) era circondato.

Mentre veniva compiuta quest'ultima tappa, la marina britannica con il monitore *Terror*, potentemente armato, e le due cannoniere *Aphis* e *Ladybird*, con armamento minore prese a cannoneggiare Sidi el Barrani e Maktila. Fino a mezzanotte circa gli italiani a Nibeiwa rimasero sul chi vive, vi furono scambi di fucileria piuttosto vivaci e furono lanciati razzi illuminanti. Un po' prima delle ore 5 un battaglione della 4th *Indian Div.* temporaneamente distaccato, aprì il fuoco sul campo trincerato da est e successivamente attirò su di sé l'attenzione del nemico. La cosa andò avanti quasi un'ora, dopo di che subentrò una quiete illusoria. Alle ore 7.15 i 72 cannoni dell'artiglieria divisionale diedero inizio a un breve, intenso bombardamento sempre da est. Entro dieci minuti i carri del 7th *Royal Tank Rgt.* spazzarono via l'angolo nord ovest del campo trincerato, mettendo fuori combattimento circa 25 carri italiani tra medi e leggeri parcheggiati fuori dalla cinta fortificata. Due squadroni di carri per fanteria Matilda entrarono subito in lizza impegnando artiglieria e fanteria italiana a breve distanza. Il generale Maletti, comandantedell'omonimo raggruppamento, fu ucciso dal colpo di cannone di un carro armato mentre stava uscendo dal suo ricovero sparando con un MAB 38.

Venne decorato di Medaglia d'Oro al Valor Militare alla memoria:

Comandante di un raggruppamento di truppe libiche, attaccato da forze corazzate preponderanti, con incrollabile fermezza ed imperturbabile calma disponeva i propri reparti alla resistenza, presente ove più ferveva la lotta e maggiormente imperversava il fuoco. Ferito, mentre dall'alto di un autocarro impartiva ordini e dirigeva il fuoco sui mezzi nemici irrompenti nelle nostre linee, continuava nella sua azione di comando, acconsentendo, soltanto dopo vive insistenze, a farsi sommariamente medicare. Colpito una seconda volta si abbatteva al suolo agonizzante, e, pur presentendo imminente la fine, al suo capo di stato maggiore, accorso al suo fianco per soccorrerlo, ordinava di non curarsi della sua persona, ma di provvedere all'estrema resistenza e di contrattaccare alla baionetta appena esaurite le munizioni. Combattente di quattro guerre, più volte decorato al valore, chiudeva in tal modo la sua nobile esistenza, tutta dedita alla sua missione di soldato, aperta alla voce del dovere e del sacrificio, dedicata al culto della Patria.

Alam el Nibeiwa (Egitto), 9 dicembre 1940.

Attraverso la breccia passarono quasi immediatamente due battaglioni di fanteria della 4ª divisione indiana, il primo del 6th *Rajputana Rifles* e il secondo del reggimento *Cameron Highlanders*, che attaccarono di forza gli italiani: la lotta fu accanita ma nel giro di due ore il campo trincerato era in mano britannica. Nel frattempo la 5ª brigata di fanteria indiana (il 1th *Royal Fusiliers*, il III/ 1th *Punjabi Rifles Regiment* e il quarto battaglione del 6th *Rajputana Rifles*) e uno dei reggimenti di artiglieria della divisione muovevano su un ampio arco ad ovest Nibeiwa, per prepararsi ad attaccare il successivo obiettivo, Tummar Ovest. Ancora più ad ovest, su di un arco ancora più ampio, la 7th *Armored Division* stava avanzando fin dalle prime luci, la 4ª brigata corazzata in testa, puntando senza trovare resistenza sulla strada costiera a circa 56 km dalla linea di partenza. Prima delle ore 11 i carri avevano ultimato il loro compito a Nibeiwa e potevano lasciare il compito finale ai fucilieri del *Rajputana* e del *Cameron*.

La notizia dell'attacco a Sidi el Barrani giunse a Roma come un fulmine a ciel sereno. Scrive Galeazzo Ciano:

10 DICEMBRE – Le notizie dell'attacco su Sidi Barrani arrivano come un colpo di fulmine. Dapprima la cosa non sembra grave, ma i successivi telegrammi di Graziani confermano trattarsi di una grossa legnata. Mussolini, che vedo due volte, è molto calmo. Commenta gli avvenimenti con una obiettività impersonale. Sembra che la cosa non lo riguardi e si preoccupa del prestigio di Graziani. Non vuole ancora realizzare la gravità dell'accaduto (...)

Le Camicie Nere pugliesi e siciliane si batterono strenuamente, e anche quando la difesa italiana collassò e cedette i caposaldi della *3 Gennaio* resistono sino a notte all'assalto della 16ª Brigata inglese (appartenente alla 4th *Indian Division*) fino al completo annientamento, permettendo alle unità italiane di ripiegare. Solo l'11 dicembre il bollettino del Comando Supremo n. 187 comunicò la notizia dell'offensiva britannica, annunciando la morte di Maletti; la divisione CCNN *3 Gennaio* e la 1ª Libica vennero citate, per l'eroico comportamento:

Bollettino n. 187.
Il Quartier Generale delle Forze Armate comunica in data 11 dicembre:
All'alba del giorno 9, divisioni corazzate inglesi hanno attaccato il nostro schieramento a sudest di Sidi el Barrani, tenuto da formazioni di truppe libiche. Queste truppe hanno valorosamente resistito in un primo tempo, ma dopo alcune ore sono state sopraffatte e si sono ritirate su Sidi el Barrani. Nella giornata del 9 e nella giornata di ieri, combattimenti di una violenza eccezionale si sono svolti tra le truppe nemiche e le nostre. La divisione Camicie Nere *3 gennaio* e la 1 divisione Libica hanno tenuto testa all'attacco infliggendo al nemico perdite oltremodo gravi[15]. Nella zona continuano accaniti combattimenti. In uno di essi è caduto, alla testa dei suoi battaglioni libici, il generale Maletti. La nostra aviazione ha volato in ogni istante sul cielo della battaglia, mitragliando e bombardando le formazioni corazzate nemiche.

Mentre si combatteva nella regione di Sidi el Barrani, alle divisioni *Marmarica*, 1a Divisione CC.NN. 23 *Marzo* e 2a *28 Ottobre* veniva dato ordine di organizzarsi a difesa sulla linea del costone dell'Halfaya.

Mezzi corazzati nemici si affacciarono sul confine più a sud, a Garn ul Grein ed a Sidi Omar accennando ad un aggiramento a largo raggio per tagliare le comunicazioni fra Bardia e Tobruk. In conseguenza di ciò il Comando Superiore A.S. ordinava:

- alle ore 11 del 12 dicembre: che la 2a CC.NN. fosse destinata a presidiare la Piazza di Bardia;

- alle ore 16: che le divisioni CC.NN.1ª 23 *Marzo* e 2ª *28 Ottobre* passassero a disposizione del XXIII C.A. (Bergonzoli);

- alle ore 19: che le quattro divisioni 23 *Marzo*, *28 Ottobre*, *Marmarica* e *Cirene* passassero tutte agli ordini del Generale Bergonzoli.

Il 14 dicembre 1940 si ebbe una forte pressione dei mezzi corazzati britannici sui capisaldi della *28 Ottobre* sulla linea dell' Halfaya. A seguito dell'accresciuta minaccia di aggiramento la 2a Divisione CC.NN. ricevette l'ordine di ripiegare su Bardia.

15 dicembre 1940 i britannici scatenarono violenti attacchi di mezzi corazzati contro la *23 Marzo* a Bir ci Tafua, nei pressi di Bardia.

Nelle annotazioni del *Diario* di Galeazzo Ciano si può, ancora una volta, seguire l'evolversi degli eventi.

---

[15]In realtà i britannici persero solo cento uomini, prendendo duemila prigionieri.

10 DICEMBRE: Le notizie dell'attacco su Sidi el Barrani arrivano come un colpo di fulmine. Dapprima la cosa non sembra grave, ma i successivi telegrammi di Graziani confermano trattarsi di una grossa legnata. Mussolini, che vedo due volte, è molto calmo. Commenta gli avvenimenti con una obiettività impersonale. Sembra che la cosa non lo riguardi e si preoccupa del prestigio di Graziani. Non vuole ancora realizzare la gravità dell'accaduto. Che invece è seria. Fuori e dentro. Fuori perché dall'intonazione dei telegrammi di Graziani non sembra ch'egli si sia ripreso dal colpo e si prepari a reagire. Dentro, perché piove sul bagnato: l'opinione pubblica era già anche troppo scossa e divisa per ricevere adesso un colpo tanto duro.

L'11 Galeazzo Ciano, sconsolato, dovette annotare nel suo diario:

11 DICEMBRE: In Libia le cose vanno veramente male. Quattro divisioni si possono considerare messe fuori combattimento, e Graziani, che denuncia l'impeto e la decisione del nemico, non dice niente su quanto può fare per parare il colpo. Mussolini è sempre più calmo. Egli ritiene che le molto penose giornate che stiamo vivendo sia inevitabili nell'alterno corso di tutte le guerre. Spera ancora che Graziani possa e sappia fermare l'avanzata inglese: se resteranno al vecchio confine non giudica la situazione grave. Se dovessero raggiungere Tobruk, allora considererebbe la situazione drammatica. In serata giunge notizia che la Divisione *Catanzaro* non ha retto l'urto inglese e si è sfasciata. Ma cosa c'è dunque che non va in quest'esercito se cinque divisioni riescono a farsi polverizzare in due giorni?

15 DICEMBRE: Trovo il Duce calmo e indignato con Graziani per un telegramma che questi gli ha diretto. Lungo telegramma recriminatorio nel quale parla " da uomo a uomo" e rimprovera il Duce di essersi lasciato ingannare dai collaboratori militari romani, di non averlo mai ascoltato e di averlo spinto in un'avventura che ormai supera le possibilità umane per entrare nei campi del destino. Mussolini me ne da lettura e dice: "Ecco un altro uomo con quale non posso arrabbiarmi perché lo disprezzo." Il Duce crede ancora che la corsa inglese possa essere fermata sul ciglione di Derna.

Ciano accenna ad un telegramma *da uomo a uomo* inviato da Graziani a Mussolini in data quindici dicembre che fece innervosire il Duce. Il quattordici dicembre il Duce aveva inviato un telegramma di esortazione e fiducia per il Maresciallo Graziani, che rispose appunto il 15 dicembre nei termini seguenti :

Affermazioni di estrema fiducia in me se possono commuovermi non possono farmi dimenticare che essa doveva essermi concessa in pieno prima quando con tutti i mezzi ho cercato di farvi comprendere la verità. Non mi avete ascoltato. Non mi avete più concesso di parlarvi direttamente. Quando l'ho fatto attraverso il conte Ciano che si diceva delegato da voi per permetterlo indirettamente mi avete fatto richiamare dal Capo di S.M. Generale.
Mi avete poi indirizzata vostra del 26 ottobre che mi offriva via di scampo che non ho voluto avere la vigliaccheria morale di seguire continuando a rimanere al mio posto di estrema responsabilità. Avete continuato ad ascoltare chi aut vi ingannava deliberatamente aut vi illudeva.
Sono stato dipinto come divenuto incapace inetto preoccupato solo di salvare il mio punto di arrivo. Tutto conosco fatti e nomi. Al momento della suprema responsabilità di fronte alla storia et alla Patria mi est ora di estrema ma miserevole ma necessaria legittimità parlarvi da uomo a uomo. Voi mi avete misconosciuto dopo il mio ritorno dall'Impero.
Mi avete chiamato poi ad una funzione di Capo di Stato Maggiore dell'Esercito senza

darmi la possibilità di compierla liberamente insidiato da tutti presso di voi. Io che da solo ho allora avuto il coraggio di non illudervi mai. Poi mi avete inviato qui senza darmi nemmeno respiro per parlarvi. Avete dimenticato che per tanti anni vi ho servito con devozione et fede senza limiti. Avete dimenticato che se la vittoria etiopica fu possibile questo fu dovuto al fatto di avermi permesso di parlarvi liberamente saltando tutte le canaglie che me lo avrebbero voluto vietare. Ora Duce non c'è che un arbitro, il destino, alle cui forze superiori io non posso più opporre quelle mie umane che fino all'ultimo momento farò vibrare in me et in tutti gli altri. Sconto un passivo creato non da mia cecità aut volontà ma da quella di tutti coloro che vi hanno tradito miserevolmente et con voi l'Italia .

Il Duce rispose lo stesso giorno con il seguente telegramma, cercando di calmare Graziani scrivendogli *il passato è passato*:

Le disposizioni che avete preso mi convincono che la partita può avere un epilogo diverso da quanto sperano gli inglesi e soprattutto lasciatemi ammirare la vostra serenità e quella delle truppe la cui azione è seguita con estrema emozione et speranza da tutto il popolo italiano. Soprattutto vi confermo ordine difesa ad oltranza piazze Bardia e Tobruk. Nemico deve essere costretto al rallentamento et alla sosta. 300 uomini del presidio di Narvik resistettero per oltre un mese agli assedi di diecimila nemici.
Maresciallo Graziani, il passato è passato. Quel che conta è l'avvenire e la salvezza della Cirenaica.

Mentre ancora si combatteva a Sidi el Barrani e sull'Halfaya, i britannici cominciarono a tempestare dall'alto Bardia con l'aviazione, ormai padrona del cielo. Gli obiettivi della RAF erano soprattutto l'abitato ed i magazzini. Seguirono continui bombardamenti aerei sulle opere di difesa, sui lavoratori.

Bombardamenti furono effettuati anche dal mare, il 17, 18, 19 dicembre, poi il 31 ed il primo gennaio. L'accerchiamento era ultimato il 20 dicembre, poi iniziarono le puntate offensive di ricognizione delle difese e poi quelle di assaggio.

Bardia veniva abbandonata a se stessa con la sua guarnigione mentre la Brigata Corazzata Speciale che proteggeva la via per Tobruk già infestata dai nuclei esploranti del *Long Range Desert Group* cercava di tenere aperta una strada. Fu quindi la volta di Sidi el Barrani che cadde il 15 dicembre. L'artiglieria in una guerra di posizione è l'unica in grado di contrastare il nemico efficacemente. Una volta individuata dagli osservatori la posizione venne però facilmente battuta dal tiro di controbatteria che al contrario dell'artiglieria italiana poteva facilmente spostarsi. Esaurite le munizioni non restava ai serventi che minare le bocche da fuoco per evitare il riutilizzo. I reparti della *7th Armoured* avevano intanto preso contatto con le divisioni *Cirene* e *Catanzaro* che, protette dall'artiglieria, si ritirarono su Sollum e al passo dell'Halfaya.
Gli inglesi schieravano in linea carri leggeri MKVI armati di mitragliatrice, inferiori tecnicamente agli M11/39, e carri *Cruiser* armati con un cannone da 40 mm che, se si escludeva la torretta girevole avevano la stessa capacità offensiva dei carri M11/39. Il carro M13/40 era già sul territorio africano, armato col pezzo da 47/32, In torrella girevole ma non era ancora in distribuzione ai reparti o stava effettuando il rodaggio. Il 14/12 dopo una tempesta di sabbia l'aeronautica italiana riuscì a riprendere i voli e ad infliggere numerose perdite al

nemico. Secondo il piano l'operazione poteva considerarsi conclusa ma il generale O'Connor, un comandante eccellente, che portava sul petto il nastrino della Medaglia d'Argento al Valor Militare italiana guadagnata a Vittorio Veneto nel 1918, valutando le possibilità della situazione decise di proseguire in territorio libico. Caddero così Sollum, Sidi Omar e la ridotta Capuzzo.

Il generale Annibale Bergonzoli, comandante del XXIII C.d.A si trincerò a Bardia con 4 divisioni, tra cui la 2a divisione CCNN *28 Ottobre*.

Il venti dicembre ebbe inizio l'assedio di Bardia che si protrarrà per tre settimane. La cinta difensiva si sviluppava per 33 chilometri e presentava un fossato anticarro, campi minati, filo spinato. Intanto al Comando supremo italiano si ripensò alla proposta tedesca fatta 2 mesi prima (circa l'invio in Libia di invio di due *Panzerdivision,* la cui urgenza appariva ormai evidente a tutti. Lo stesso Graziani era ormai caduto in disgrazia presso Mussolini.

Il 20 dicembre il Maresciallo Badoglio inviò una missiva a Graziani nella quale gli augurava una pronta vittoria contro il nemico. Il Maresciallo d'Italia Rodolfo Graziani così rispose a Badoglio:

Troppo tardi! La Vostra solidarietà Maresciallo Badoglio dovevate darmela prima quando nulla avete fatto per appoggiare i miei sforzi per far comprendere la impossibilità della impresa egiziana con i mezzi con cui si disponeva .

Il ventun dicembre 1940 dalla Libia arrivò a Palazzo Venezia un ulteriore telegramma di Graziani che descriveva quanto avvenuto durante la ritirata da Sidi el Barrani alla Cirenaica

Dal giorno successivo alla presa di Sidi el Barrani in obbedienza alle vostre direttive si est iniziata la complessiva preparazione per l'ulteriore sviluppo dell'operazione su Marsa Matruh. In effetti lo stato delle comunicazioni di assoluta povertà idrica della zona occupata non consentirono l'immediata prosecuzione dell'offensiva. Dopo la conquista di Sidi el Barrani si dovette mettere mano immediatamente alla costruzione dell'acquedotto e della strada da Capuzzo a Sidi Barrani per circa 120 chilometri di sviluppo.
Contemporaneamente si andava effettuando la raccolta della truppe e la radunata dei mezzi e delle dotazioni logistiche per assumere lo schieramento offensivo. Per economizzare sui mezzi di trasporto alcune unità compirono trasferimenti di centinaia di chilometri a piedi tutte anelando sempre alla battaglia.
Come risulta ampiamente dalla censura postale ai primi di dicembre l'organizzazione era in gran parte compiuta superando difficoltà di ogni genere. L'acquedotto, opera imponente costruita a tempo e tecnica di primato utilizzando tutte le tubature comunque esistenti in Libia fin dal tre dicembre, portò a Sidi Barrani 4 litri di acqua al secondo che è equivalente a 335.000 litri al giorno mentre la strada anch'essa costruita sfruttando tutto quanto era possibile trarre dalla Libia era ultimata come fondo et in gran parte rullata.
Nei depositi avanzati di viveri di munizioni e di carburanti erano già concentrate quasi tutte le dotazioni previste, mancava solo il completamento degli automezzi che come voi sapete stavano affluendo dalla Madrepatria.
Nel frattempo la nostra aviazione svolgeva sistematicamente opera di demolizione sulle retrovie e sugli impianti logistici e altrettanto faceva il nemico concentrando le sue offese sulle nostre basi arretrate e specie su Bengasi. Le nostre truppe avanzate allo scopo di saggiare la resistenza nemica et di conoscere l'efficienza batterono il terreno antistante al nostro schieramento impegnandosi in combattimento entro i mezzi mecca-

nizzati nemici e contrastavano nell'azione di questi un crescendo di aggressività e di audacia culminato nel fatto d'armi del 19 novembre sul fronte del Raggruppamento Maletti. Mentre le Grandi Unità assumevano lo schieramento previsto per l'imminente avanzata su Marsa Matruh provvedevo a far presidiare adeguatamente con elementi di fuoco la base di partenza da Halfaia at Rabia et Sidi Barrani per garantire le colonne marcianti da eventuali offese nemiche su fianco meridionale. Fin dai primi di ottobre in tanto le ricognizioni aeree rilevavano un continuo addensamento di forze e di mezzi nella regione di oriente di Marsa Matruh addensamento che poteva essere attribuito alla intenzione di porsi in forze alla nostra prevista spinta offensiva.

Il sette dicembre da un prigioniero catturato durante un tentativo notturno contro la divisione Cirene ad Alam Rabia si ebbe notizia che un attacco contro di noi sarebbe stato sferrato entro una decina di giorni; per quanto la notizia potesse sembrare tendenziosa tuttavia non fu trascurata che anzi immediatamente ne diedi conoscenza all'armata che a sua volta mise tutte le truppe in allarme. Nella giornata dell'otto da vari sintomi (aumento delle ricognizioni aeree sulle nostre retrovie, ripetute segnalazioni di forti nuclei meccanizzati nemici fra Bir Enba et Bir Mella) ebbi la sensazione della imminenza dell'attacco nemico et rinnovai ai comandi l'avviso e l'incitamento a tenersi pronti a sostenere qualora si fosse pronunciato. Anche l'aviazione fu orientata ad intervenire a massa.

Come vedete non vi est stata sorpresa.

Tutti sapevano del possibile attacco nemico, come esso si sia pronunziato all'alba del 9 dicembre et come abbia travolto le divisioni dello schieramento avanzato appare da quanto segue.

Contro i capisaldi occupati dalle nostre truppe in terreno desertico, piatto, percorribile privo di qualsiasi appiglio tattico il nemico ha avuto buon gioco impiegando masse di mezzi corazzati, autoblindo e carri armati medi e pesanti sostenuti da batterie mobilissime e coll'efficacissimo concorso delle forze aeree. Generalmente la preparazione di brevissima durata veniva affidata all'artiglieria et all'aviazione et appena cessato il massacrante bombardamento aereo i mezzi corazzati irrompevano da tutte le direzioni contro le nostre truppe e così malgrado la più strenua resistenza i capisaldi nel giro di qualche ora venivano ad uno ad uno sommersi.

Il primo ad essere investito è stato il Raggruppamento Maletti che iniziò un ordinato ripiegamento finché travolto trascinò la seconda divisione Libica che gli aveva inviato una forte colonna celere in soccorso.

Contro la massa corazzata infatti operante da ampia fronte concentricamente poco effetto potevano avere le armi anticarro e le artiglierie delle nostre divisioni costrette a disperdere il tiro su numerosi bersagli mobilissimi et puntati decisamente sull'obiettivo. Nella superiorità schiacciante del mezzo corazzato impiegato a massa deve ricercarsi la ragione essenziale del fulmineo successo iniziale riportato dal nemico.

Le nostre divisioni nazionali et libiche hanno anche in questa sfortunata battaglia mantenute alte le tradizioni di valore e di eroismo del nostro esercito.

Comandanti et truppe hanno scritto nelle desolate distese del deserto occidentale pagine del più fulgido eroismo; episodi epica grandezza si sono svolti nella lotta impari fra il nudo petto dei soldati d'Italia e la ben munita corazza dei soldati dell'Impero Britannico.

Brandelli delle nostre divisioni isolati circondati da ogni parte hanno resistito fino all'ultima cartuccia finché stretti attorno al sacro simbolo della Patria immortale hanno dovuto ripiegare davanti alla strapotenza nemica.

Eliminate le truppe dell'eroico generale Maletti, caduto romanamente alla testa dei battaglioni libici e quella della seconda divisione libica la marea corazzata si est avventata su Sidi el Barrani dove la ferrea divisione Camicie Nere 3 *Gennaio* bombardata anche dal mare e dall'aria ha offerto una muraglia di petti resistendo valorosamente per due giorni. La prima libica che da Uadi Maktila, dove era stata pur essa sottoposta ad intensi bombardamenti della flotta inglese, aveva tentato raccogliersi su Sidi Barrani si trovava la strada preclusa dalle autoblindo et teneva testa a lungo pur sapendo la sua sorte segnata. Questa situazione che di momento in momento si andava aggravando per le infiltrazioni segnalate già sulla strada di Bug Bug minacciava di travolgere anche le divisioni di seconda schiera Catanzaro et Cirene.

Se anche fosse stato possibile lanciarle al contrattacco contro le autoblindo sarebbe stato votarle a sicura distruzione. Per cui approfittando della resistenza offerta dalle truppe asserragliate in Sidi el Barrani, decisi di sottrarre tali divisioni alla stretta nemica et riportarle indietro sulla linea Halfaia–Mare–Sollum–Capuzzo dove intanto avevo imbastito una difesa con le divisioni arretrate. Il pomeriggio del 10 ne ordinai pertanto l'arretramento.

Questo si svolse abbastanza regolarmente per la *Catanzaro* fino all'altezza di Tishdida, quando, ripresa la marcia, venne pur essa circondata, bersagliata dalle autoblindo et scompaginata. L'eroico sacrificio di alcuni reparti che resistettero fino al giorno 12, consentì ai due terzi della divisione di raggiungere le nostre linee di Sollum.

La divisione *Cirene* invece si sottrasse meglio alla stretta nemica ma giunse assai stanca ad Halfaia con il nemico alle calcagna. Alla sera del dodici mentre i residui difensori di Sidi el Barrani et di Maktila accerchiati da tre giorni et sfiniti opponevano le ultime accanite resistenze le avanguardie delle colonne corazzate nemiche serravano già da presso le nostre truppe di Halfaia tentando di avvolgerne il fianco destro. Durante i giorni 13, 14 et 15 si combatté accanitamente nell'interno del quadrilatero Halfaia– Sidi Omar– Capuzzo– Sollum dove le truppe dell'imperterrito generale Bergonzoli contrattaccando vigorosamente riuscivano ad eliminare minacciose infiltrazioni nemiche che tentano di tagliare in due il nostro schieramento et distaccarlo dalla piazza di Bardia. Alla sera del 15 dicembre mentre nuove colonne meccanizzate serrano sotto con manovra concentrica versa Sollum – Gabr bu Fares et Sidi Omar ed un gruppo appare già a Sidi Azeis, tutte le truppe del generale Bergonzoli ripiegato in perfetto ordine sulla piazza di Bardia dove tengono testa tutt'ora all'attacco nemico con valore pari alla decisa volontà di resistere fino all'ultimo. Per avere un quadro completo della battaglia occorre inserirVi l'azione della flotta e dell'aviazione nemiche; la prima ha tenuto costantemente sotto la sua potente offesa le nostra colonne operanti lungo la linea litoranea accanendosi con particolare violenza contro Sollum e Bardia. La seconda evidentemente rinforzata da nove unità che ha continuamente bersagliato le nostre colonne in marcia, i capisaldi occupati dalle nostre truppe, le retrovie, le nostre basi logistiche et specialmente i campi di aviazione et le piazze di Tobruk et Bardia.

Per fatali avversità atmosferiche, sollevamenti di sabbia sui campi prima et allagamenti dovuti poi alle piogge eccezionali, la nostra aviazione non ha potuto fare sentire tutto il suo peso nella battaglia.

Tuttavia prodigandosi come sempre oltre ogni limite, superando difficoltà di ogni genere, si est gettata nella lotta con l'inesauribile ardore et audacia senza pari, seminando la morte et la distruzione fra le colonne nemiche. Qualche dato statistico basterà a darvi un'idea del contributo da essa dato alla battaglia in Marmarica:

a) ore di volo: 900 da bombardamento e 1.300 da caccia;
b) esplosivo lanciato: 2 siluri, 13.000 fra bombe e spezzoni con totale di quasi 2.000 tonnellate;
c) colpi di mitragliatrice sparati: 17.000;
d) apparecchi nemici abbattuti sicuramente 42 e probabili 20 .

Est certo prematuro fare previsione sugli sviluppi di questa lotta titanica nella quale il nemico ha concentrato le migliori truppe di quattro continenti.

Tuttavia posso fin d'ora dirvi che se oggi, a dodici giorni dall'inizio dell'offensiva, le sue divisioni corazzate segnano il passo davanti Porto Bardia ciò est dovuto esclusivamente al valore dei soldati d'Italia di terra e dell'aria che pur in palese e grave inferiorità di mezzi, hanno saputo tenere testa fieramente al nemico immolandosi senza risparmio.

Ancora una volta vi confermo in maniera categorica che tutti quaggiù hanno compiuto il proprio dovere fino ai limiti del possibile. Se il numero di coloro che hanno avuto la sventura di essere fatti prigionieri est elevato ciò non deve farvi dubitare del loro valore: essi hanno tenuto fino all'ultimo con la volontà di resistere fino allo spasimo et fino all'ultimo momento davanti al nemico che inesorabilmente avanzava ben protetto verso la preda sicura hanno lanciato con l'ultima scintilla dalla radio il grido di "Viva l'Italia". Di fronte a questi fatti l'ignobile canea scatenato dalla propaganda nemica non è che un cumulo di menzogne che fa solo vergogna a coloro che osano scrivere e che dimostrano così di aver perduto financo quel senso di dignità et di rispetto verso il valore anche se sfortunato che est stato sempre caratteristico dei popoli di alta civiltà

Graziani si difendeva dunque da coloro lo accusavano di essere stato colto di sorpresa dal nemico. ed anzi si rappresentò come il salvatore delle due divisioni *Catanzaro* e *Cirene* che si apprestavano a difendere la frontiera libico egiziana.

Il 22 dicembre Graziani inviò al Duce un rapporto sulla situazione militare italiana in Libia dopo l'offensiva inglese:

La nostra situazione generale è la seguente:

1) Piazza di Bardia, occupata da forze piuttosto numerose: divisioni *Marmarica* (quasi intatta), 23 *Marzo* (ridotta di circa ¼), 28 *Ottobre* (poco più della metà), *Cirene* (molto provata e priva di molti mezzi anticarro), *Catanzaro* (in condizioni ancora più precarie) oltre agli elementi della Guardia alla Frontiera.
La cinta fortificata, avente una trentina di chilometri di sviluppo è poco robusta specie in fatto di ostacoli e di armi anticarro. La piazza è già bloccata da navi nemiche che martellano continuamente e distruggono le dotazioni esistenti. Da terra le comunicazioni con Tobruk sono pur esse tagliate, per quanto ancora non definitivamente.

2) Piazza Tobruk. Cinta fortificata poco efficiente, con sviluppo complessivo di oltre 60 chilometri guarnita assai debolmente (divisione *Sirte*, più elementi Guardia alla Frontiera et alcuni gruppi di artiglieria).

La difficoltà di rifornimento della piazza di Bardia e la possibilità che ha l'avversario di concentrarvi l'offensiva dei suoi mezzi terrestri, navali ed aerei, portano a ritenere che, malgrado la decisa volontà di resistere, anche questa piazza, in un tempo più o meno lungo, sia destinata ad essere sopraffatta da un attacco a massa di mezzi corazzati, preparato e accompagnato intensa azione aerea e navale. In questa situazione è da chiedersi se non convenga tentare di raccogliere le truppe di Bardia su Tobruk, in modo da conferire a quest'ultima piazza una maggiore robustezza. Nel caso Voi foste di questo parere, Vi pregherei di darmene subito autorizzazione prima che l'intercettazione delle comunicazioni con Tobruk sia definitiva ed infrangibile.
Con questo, però, non mi illudo di arrestare l'offensiva nemica davanti alla piazza di Tobruk: riusciremo solo a prender tempo, elemento preziosissimo, che potrebbe consentirci di far affluire i mezzi idonei a bloccare ulteriori progressi.
Caduta Bardia è infatti da prevedere che l'avversario, ripetendo lo stesso procedimento– blocco del porto, intercettazioni delle comunicazioni e attacco combinato da terra, dal mare e dall'aria– possa infrangere qualche tratto della lunga cinta fortificata e penetrare nella piazza. Né, allo stato attuale è da prevedere che le nostre sparute forze mo-

bili residue, possano contrastare l'azione nemica in maniera tale da stroncarla. La dura esperienza di queste giornate amarissime ci porta infatti a concludere che, in questo scacchiere, una divisione corazzata è più potente di un'intera armata.

Di fronte al mezzo corazzato le truppe più salde ed agguerrite non reggono: l'armamento anticarro non è sufficiente ad arrestarne l'attacco, specie se preparato da azione massacrante del bombardamento aereo. Né si può invocare a paragone l'operazione per la presa di Sidi el Barrani, perché essa fu effetto di manovra sul rovescio dello schieramento nemico, che lo obbligò a retrocedere per sottrarsi alla minaccia.

Per queste considerazioni, come Vi ho già comunicato, ho predisposto la organizzazione a difesa del ciglione di Derna, sul quale vanno affluendo tutti i mezzi ancora disponibili in Cirenaica, oltre alla divisione Sabratha chiamata da Tripoli e di cui oggi è giunto il primo scaglione.

Questa posizione, fortissima sulla fronte per la presenza di un fosso anticarro naturale; potrebbe essere aggirata per la fascia di terreno facile, percorsa da una buona pista, che da Martuba adduce a Berta.

Perciò a sud di quest'ultima località si dislocano forze importanti e per questo la brigata corazzata(che in realtà si riduce a due compagnie carri M13, a due battaglioni di carri leggeri e due gruppi di artiglieria) si è schierata a sud di Derna. Stando così le cose mi sembra perfettamente inutile far venire altri uomini dalla Tripolitania. S'impone, invece, l'invio di mezzi idonei a sostenere il confronto con quelli inglesi e cioè:

1) Autoblindo e carri medi in misura adeguata alla bisogna;

2) Mezzi di fuoco anticarro numerosissimi. So bene che degli uni e degli altri abbiamo poca disponibilità in Patria. Mi si dice però che presso la casa costruttrice vi sia un notevole quantitativo di carri M13 non riuniti in reparti organici per deficienza di personale addestrato. Sarebbe assai opportuno che tale materiale venisse qui avviato per poterlo distribuire fra i battaglioni carri leggeri, trasformandone se possibile qualcuno, o parti di essi, con carri medi.

Comunque, la posta in gioco– la salvezza della Libia– è tale da imporci ogni sforzo per qui concentrare quello che occorre. Il momento è grave e, per quanto possa riuscirci amaro, penso che si debba passare sopra a giuste fierezze di altri momenti, ricorrendo all'aiuto della Germania. Se noi potessimo avere una o due divisioni corazzate, faremmo sicuramente ripassare al nemico il ciglione di Sollum.

Ove, però, si entrasse in quest'ordine di idee una cosa soprattutto è necessaria: la tempestività. Nel progetto di invio della brigata corazzata, auspice il Von Thoma, era previsto per l'afflusso un tempo inverosimile.

Bisognerebbe che ci si mettesse su una strada diversa, anche spezzando il tradizionale rispetto dell'organico. A me, quaggiù occorrono: autoblindo, carri armati, armi anticarro e automezzi. Se possono affluire raggruppati organicamente in divisioni corazzate tanto meglio, purché giungano in tempo. Altrimenti vengano pure a blocchi e si costituiscano dopo le divisioni, quaggiù, se ne avremo tempo. All'ultimo momento il Servizio Informazioni Militari mi informava che sarebbe imminente l'estendersi della offensiva alla zona di Siwa: unico obiettivo di essa non può essere che di tagliare alla base il bastione cirenaico, isolandolo dalla Tripolitania.

Come vedete, le mie previsioni sono aderenti alla realtà, per quanto fantastiche possano apparire.

Duce, mandateci presto i mezzi corazzati ed i soldati d'Italia salveranno la Libia.

Il 31 dicembre il comandante della 10a Armata, Giuseppe Tellera, inviò alla moglie a Roma una lettera che riassumeva la situazione dell'Armata in una sorta di testamento spirituale, come la definisce il Del Boca. Affidata al tenente colonnello Celotti, che rientrava in Italia, la lettera sfuggì quindi all'ufficio censura di Roma, e conteneva, per la prima volta, una ricostruzione degli avvenimenti assolutamente fedele ed obiettiva, quasi il generale volesse porre la famiglia al corrente della verità dei fatti[16].

Come sai, per avertene parlato, noi siamo entrati in guerra (10 giugno) con una integrale e totale impreparazione. Fu detto, scritto, ripetuto - fu strepitato - lettere scottanti, telegrammi offensivi, tanto che Badoglio ebbe ad assicurare che non saremmo entrati in guerra prima del '42 o '43 (lo disse a me personalmente). Mancavano totalmente o quasi: mezzi corazzati, anticarro, contraerei - scarsi gli aeroplani, artiglierie vecchie, ecc. La morte di Balbo fu dovuta alle terribili preoccupazioni ed allo sforzo di sollevare il morale delle truppe - avvilitesi per l'inanità della lotta contro i mezzi blindati nemici - mediante la sua presenza, e del suo Stato Maggiore, sui campi di battaglia.
Venuto Graziani, egli accettò tutti i provvedimenti in corso approvati dal povero Balbo e rinnovò le richieste di questi: fra l'altro quella di 1.000 autocarri (ne sarebbero occorsi più di 5.000), i quali 1.000 non avevano ancora finito di giungere ai primi di dicembre. Graziani mi confermò nella carica di capo di Stato Maggiore; ma non mi diede confidenza - mi sorvegliava (me lo disse lui stesso) - in un mese e mezzo non mi parlò più di tre volte. A Roma mi avevano ben calunniato, vilmente, e mio nemico fu proprio colui che più io avevo beneficato, colui del quale avevo fatto la fortuna.
Conosciuto che mi ebbe, mi diede tutta la sua stima e dopo la fortunata azione di Sidi el Barrani (settembre, prima quindicina), rimasto di me contentissimo, per la mia opera in certi duri momenti, mi elogiò e, recatosi a Roma, prese le mie difese e ristabilì le cose»[33]. Tellera continua la sua missiva sostenendo che la conquista di Sidi el Angelo Del Boca 84 Altre due immagini del generale La tragica fine della X armata e del suo comandante 85 Barrani era stata imposta da Mussolini; che Graziani era contrario all'operazione per l'assoluta povertà dei mezzi. Per lo stesso motivo si era opposto alla ripresa dell'offensiva con l'obiettivo di Marsa Matruh. Ma gli inglesi non gli avevano lasciato il tempo di preparare il balzo in avanti di ben 150 chilometri. «E così - racconta il generale - il 9 di questo mese si scatenò l'attacco degli inglesi. Nessuna sorpresa! Sapevamo tutto! E Roma sapeva tutto! Gli inglesi avevano concentrato in Egitto 15 divisioni. [...] In due mesi erano stati scaricati nei porti egiziani 300 piroscafi ed in un certo momento erano in Alessandria in scarico 42 mila tonnellate di materiale. Gli inglesi avevano un'aviazione potentissima (600-700 apparecchi); noi, il secondo giorno della battaglia, 46 apparecchi da bombardamento e 58 da caccia. Gli inglesi un migliaio tra carri armati ed autoblinde; noi zero autoblinde e una sessantina di carri armati efficienti (le parti di ricambio per mettere in efficienza una quarantina di carri armati stanno arrivando ora!).
A soli 58 anni ho l'onore di comandare un'armata, affidatami dalla stima che ha di me il Maresciallo. Il nemico è formidabile per i mezzi. Le truppe nemiche in parte eccellenti (gli inglesi), in parte scadenti (indiani, neozelandesi[17], ecc.). Sono calmo, tranquillo, sereno, deciso.
[...] Quello che ti scrivo è un minimo...ci sarebbero da scrivere molti libri... ma io ho voluto che mia moglie e la mia famiglia sappiano come sono andate le cose[18].

---

[16]Del Boca, 2006, p. 83.
[17] Sic. Forse Tellera intendeva australiane?
[18]Rip. in Del Boca, pp. 83 segg.

BARDIA
(DISEGNO DI KURT CAESAR, 1941. COLLEZIONE DELL'AUTORE)

LA CADUTA DI BARDIA.

La responsabilità della difesa di Bardia ricadde sul comandante del XXIII Corpo d'Armata, Annibale Bergonzoli, di cui giova riassumere le mosse dopo l'offensiva britannica. Faremo dunque un passo indietro per seguirne le mosse.

A Sidi el Barrani, sotto la spinta britannica, Bergonzoliaveva proceduto all'arretramento. Non mancò tuttavia di procedere con un intenso fuoco di copertura delle proprie artiglierie, sperando di mascherare così il simultaneo sganciamento. In questo modo le divisioni *Cirene* e *Marmarica* raggiunsero rispettivamente Bardia sulla costa e la Ridotta Capuzzo in corrispondenza di Sollum.

L'arretramento fu eseguito in maniera disciplinata e ordinata, salvo dover abbandonare sulle posizioni precedenti molto materiale, tra cui alcune riserve di munizioni e diversi pezzi d'artiglieria, ritenuti poco efficienti. La frenetica attesa del nemico si fece febbrile, tanto che la pausa venne intesa da Bergonzoli come il miglior modo per consolidare l'arretramento e chiudersi dentro la cintura difensiva di Bardia. Intanto era tornato in Libia l'intempestivo Berti;questi, prima di avallare le decisioni d'arrocco del suo sottoposto, chiese a Graziani di valutare con ponderazione la situazione sul campo. Per pronta risposta, visto cheGraziani aveva piena fiducia nel comandante del XXIII Corpo, difese aspramente Bergonzoli, giudicandolo in piena coscienza capace di valutare i rischi e le opportunità: se Bergonzoli aveva deciso di raggiungere Bardia, voleva dire che nessuna altra soluzione pera possibile. Graziani insomma comprese che il rischio reale per il XXIII Corpo era l'accerchiamento avversario, eventualità da evitare in qualsiasi modo, se l'obiettivo per lo schieramento italiano era garantirsi a qualsiasi costo il collegamento costante tra centro e periferia.

Il 15 dicembreGraziani ordinò a Bergonzoli di difendere a oltranza Bardia e su Tobruk, in maniera da arrestare l'avanzata britannica. Consapevole del grande compito affidatogli, Bergonzoli iniziò grandi lavori di riassetto della piazzaforte: aumentò l'efficienza della linea perimetrale lunga 37 km, creò un sistema protettivo di mine, sgomberò il modesto fosso anticarro completamente pieno di sabbia. Non minore attenzione venne rivolta all'aspetto logistico, in previsione di un lungo assedio: venne ridotta la distribuzione di acqua e di cibo.

Mussolini scrisse a Begonzoli:

Vi ho dato un compito difficile ma perseguibile dal Vostro coraggio e dalla Vostra esperienza da vecchio e intrepido soldato – il compito di difendere la fortezza di Bardia fino all'ultimo. Sono certo che la 'Barba Elettrica' e i suoi impavidi soldati resisteranno a ogni costo, leali fino all'ultimo.

La risposta di Bergonzoli fu:

Sono consapevole di questo onore e ho riportato oggi alle mie truppe il Vostro messaggio – semplice ed inequivocabile. A Bardia siamo e ci resteremo.

Intanto O'Connor ritirò oltre Bardia la 7th *Armoured Brigade* che riceveva e cedeva reparti, per un suo potenziamento in vista dell'inseguimento degli italiani nel Gebel Cirenaico.

Dal 1 gennaio 1941 la *Western Desert Force* divenne il XIII Corpo d'Armata .

Con l'ausilio di nebbiogeni e mezzi corazzati la 16th *Australian Inf. Brigade* attaccò alla saldatura dei settori *Gerfan* e *Ponticelli*; i britannici riuscirono a superare il fosso anticarro ed il reticolato, forzando il passaggio fra i capisaldi Bu Rim e Garridia, sboccarono sulla seconda posizione e si divisero in due masse; la prima verso Gerfan e la seconda, più forte, verso *Ponticelli*, eliminando successivamente il caposaldo di saldatura della *Marmarica* e prendendo sul rovescio la seconda linea tenuta dai battaglioni dei Reggimenti 115° e 116° fanteria e le postazioni delle batterie.

Appena avuta notizia del cedimento dei due capisaldi di destra dei settore *Ponticelli* difesi dal I/116° fanteria, il Generale Bergonzoli ordinava al comandante del 116° fantria di preparare un contrattacco, inviandogli una compagnia carri M 13/40, alcuni pezzi da 47/132 e mitragliere da 20 ed al comandante della *28 Ottobre* di mandare nel settore *Ponticelli*, a disposizione del Corpo d'Armata ,il CXXXV battaglione CC.NN., due batterie di cannoni da 75/27, e il LX battaglione Carri Leggeri (12 carri L3).

Il CXXXV battaglione CC.NN. e le due batterie della *28 Ottobre* furono dislocati a sbarramento del vallone e della rotabile dell'Uadi el Garridia.

Sul fronte della divisione. *23 Marzo* dopo una inutile e sanguinosa resistenza andavano perduti il caposaldo e le artiglierie di Bu Rim dove combatteva il CXVIII battaglione CC.NN.; si continuava a combattere. Intanto alle ore 12 l'intero 116° Rgt. fanteria *Treviso* (div. *Marmarica*) era completamente e definitivamente travolto. Alle ore tarde dello stesso giorno 3 il settore Ponticelli era quasi tutto in potere del nemico; nel settore Garfan, della *23 Marzo* vennero perduti il caposaldo e le artiglierie di Bu Rim e sconvolto dal fuoco il caposaldo Scegheila.

La *28 Ottobre* era schierata sulle posizioni dell'Uadi el Hereiga e il suo CXXXV battaglione CC.NN. combatteva nella zona Uadi el Garridia e cimitero di Bardia.

Al mattino del 4 gennaio, mentre continuavano i combattimenti nel settore *Ponticelli* contro i battaglioni II e III del 115° fanteria *Marmarica*, investiti dalle brigate australiane XVI e XIX, appoggiate da numerosi carri armati, e nel settore Mrega gli australiani sempre appoggiati dai carri, dopo strenua lotta riuscivano ad occupare i capisaldi tenuti dal I/158° e dal III/157° Fanteria *Liguria* (div. *Cirene*) mentre i superstiti si schieravano a difesa dell'Uadi di quota 145. Qui resisté, fino all'annientamento totale, quanto restava del CXIV battaglione CC.NN. (Rieti), difendendosi strenuamente. Il capomanipolo romano Francesco Lo Bianco, comandante un plotone mitraglieri del battaglione, si meritò la Medaglia d'oro alla memoria, per essersi difeso ferocemente, esaurendo le munizioni e poi scagliandosi contro gl'inglesi lanciando l'ultima granata rimasta al grido di *Viva l'Italia, viva il Duce!*:

Orfano di guerra, comandante di plotone mitraglieri, affrontava con estrema decisione l'assalto di preponderanti mezzi corazzati nemici che tentava di espugnare il caposaldo a lui affidato. In lotta ìmpari e mortale contro un carro avversario, benché colpito gravemente da una raffica di mitragliatrice, continuava a combattere. Caduto un mitragliere, lo sostituiva prontamente. Riuscito vano ogni tentativo di resistenza, quasi morente, trovava la forza di rialzarsi, scagliando contro il nemico l'ultima bomba a mano. Colpito nuovamente, cadeva gridando: « Viva l'Italia, Viva il Duce », immolandosi eroicamente e consacrando, col supremo sacrificio, gli alti ideali che avevano sempre inspirata la sua vita di combattente.

L'artiglieria britannica bombardava incessantemente le posizioni italiane mentre mezzi meccanizzati nemici attaccavano e venivano respinti; i britannici deviavano e si dirigevano verso Bardia.

Gli ultimi combattenti della 2ª Divisione CC.NN. *28 Ottobre* protrarranno la resistenza fino alle ore 16,15. solo dopo una strenua e impari lotta.

Anche i carristi si batterono ferocemente, sino all'ultimo uomo.

L'eroica 1a Compagnia carri contro un avversario euforico per le recenti vittorie e molto più forte numericamente e qualitati-vamente, affrontò con coraggio il suo martirio. In una lotta impari e logorante, i carristi della 1a Compagnia seppero battersi da eroi infliggendo al nemico gravi perdite ed affrontando stoicamente la totale distruzione, carro per carro, in scontri sanguinosi aggiungendo nuovi serti alle glorie del Carrismo Italiano. La sera del 5 gennaio i "Leoni di Bardia" non avevano più superstiti[19].

Cessavano di esistere, combattendo eroicamente a differenza di altri, di troppi altri, anche le altre due divisioni di CC.NN. *23 Marzo* e *28 Ottobre*: di questa divisione restava solo un battaglione, il CXL, aggregato alla Divisione *Sirte* e che andò perso a Tobruk.

Così un artigliere del 9° Reggimento Artiglieria della Guardia alla Frontiera, Nicola Santecchia, rievoca la difesa di Bardia e la resa agli australiani della 6th *Australian Division*:

Ero effettivo ad una batteria d'artiglieria pesante campale *"Guardia alla Frontiera"*, dislocata dal 1 giugno 1940 a poche centinaia di metri dalle ultime case di Bardia. Questa località, era allora era un modestissimo centro abitato della Cirenaica (Libia) poco distante dal confine con l'Egitto. La batteria aveva al suo organico 35 artiglieri, compresi due ufficiali; una parte del personale era stata richiamata da poco dal congedo. I nostri cannoni erano quattro Skoda 120/25 cecoslovacchi (preda di guerra della Ia); qualcuno sosteneva che fossero stati utilizzati nella guerra contro i Turchi del 1911. Come puntatore regolavo il parallelismo, l'alzo, e l'alzo per il sito secondo le coordinate fornite dal comando. Nel corso del mese di novembre 1940, giunsero notizie ufficiose che gli Inglesi stavano sbarcando in Egitto un gran numero di mezzi corazzati per preparare l'attacco contro di noi. Agli inizi di dicembre 1940, le truppe inglesi al comando del generale Wavell iniziarono le manovre per accerchiarci. La via Balbia, che prese il nome dal governatore della Libia Italo Balbo, dalla Tunisia conduceva in Egitto ed era lunga circa 2.000 chilometri. Verso la metà di dicembre, il nemico riuscì a bloccare questa arteria ad occidente delle nostre posizioni. L'accerchiamento era concluso: ormai eravamo completamente tagliati fuori dal resto dell'armata italiana. Gli Inglesi iniziarono a colpirci dal mare, con l'artiglieria di terra e dal cielo, scatenando così a Bardia e dintorni un vero in-

[19]http://www.militarystory.org/la-guerra-dei-carri-armati-italiani-nelloperazione-compass/

ferno di ferro e fuoco.

I bombardamenti navali ci mettevano addosso una rabbia impotente; non potevamo fare nulla contro le navi che erano fuori dalla gittata dei nostri pezzi. I cannoni di grosso calibro delle navi nemiche, che si trovavano ad una distanza di oltre 20 chilometri, erano tremendi. Quando esplodevano gli ordigni le micidiali schegge sembravano un'impazzita pioggia rovente; era un caso non essere colpiti. Non mancavano le incursioni degli aerei con un'ala bianca e l'altra nera della Royal Air Force provenienti dalle basi egiziane; anche loro avevano le nostre posizioni come obiettivo. Comandante del XXIII corpo d'armata era il generale Annibale Bergonzoli, che gradiva essere chiamato *barba elettrica* per la sua barba fluente. Nei periodi liberi dal tiro avevamo raccolto le poche pietre disponibili nei paraggi ed avevamo costruito un muretto a secco intorno alla batteria. Questo basso muretto e qualche sacchetto di sabbia non potevano però essere considerati un riparo efficace dagli ordigni bellici di vario tipo, che provenivano più che altro dall'alto.

(...) La sentita festività del Natale fece volare i nostri pensieri alle famiglie lontane, ma non ci portò alcuna speranza di liberarci dall'assedio. Verso la fine dell'anno 1940, la tenaglia si strinse sempre di più e i bombardamenti si susseguirono.

Un pomeriggio, verso le ore 16.00, uno degli ultimi giorni dell'anno 1940, venne in visita il generale Bergonzoli. Riunì gli ufficiali nella tenda del capitano e disse loro in breve: *Le possibilità di resistere sono scarsissime, non c'è da sperare in aiuti esterni. Alla prossima offensiva nemica, entro qualche giorno, finiremo tutti prigionieri.* Per noi soldati significava: *Il generale Graziani comandante superiore in Africa Settentrionale ci ha abbandonati al nostro destino.* Dalle comunicazioni frenetiche degli ultimi giorni Alfredo, il centralinista, aveva già avuto sentore dell'imminente attacco finale del nemico. Dopo un assedio di circa 25 giorni, gli Inglesi decisero di chiudere la partita con noi. Il mattino presto del 3 gennaio 1941 si scatenò la violenta offensiva nemica. Nel corso del bombardamento aereo della R.A.F., un artigliere vicino a me si riparò velocemente dietro un mucchio di sacchetti di sabbia, mentre io non lo seguii; una bomba esplose a distanza ravvicinata. Fui sepolto quasi completamente dal terriccio sollevato dalla fortissima deflagrazione, forse ciò mi valse da scudo contro le schegge. Non era il momento di trastullarsi, mi tirai fuori, costatai di non aver riportato lesioni, ringraziai il Signore di avermi salvato e ritornai in fretta al mio posto di combattimento. Subito non avvertii nulla, ma il mio organismo ne risentì in seguito. I mezzi blindati nemici si avvicinarono minacciosamente. Ai nostri cannoni non mancava la potenza necessaria per fermarne qualcuno, ma essi non potevano essere usati ad alzo zero, bensì solo con una certa traiettoria. Ormai i corazzati erano troppo vicini e nessuno aveva pensato di dotarci d'idonee armi anticarro.

Con il fisico segnato dai lunghi giorni d'assedio e dalla battaglia, i visi anneriti, le divise logore e impolverate con una miscela in parti uguali di polvere da sparo e sabbia sollevata dalle esplosioni, cademmo prigionieri degli Australiani. I quali, con i mitragliatori puntati, ci requisirono le armi portatili: moschetti e pistole e ci fecero sedere per terra, poi ci perquisirono. Durante tale operazione, alcuni oggetti di valore come orologi e penne scomparvero definitivamente. Il nostro capitano, che parlava un po' l'inglese, chiese l'autorizzazione a farci indossare vestiti e scarpe migliori, poi ci salutò commosso: gli ufficiali erano radunati a parte. Quei giorni caddero prigionieri circa 40.000 soldati italiani. Appiedati ed incolonnati fummo avviati in direzione delle linee inglesi. Un proiettile di cannone proveniente dalle nostre batterie centrò per errore la colonna: fu una strage, 7 - 8 di noi furono fatti a brandelli, terminarono le loro sventure in quella sabbia, ci furono anche parecchi feriti. Un soldato inglese ci disse in italiano che, a causa della mancanza di mezzi, loro non erano in grado di soccorrere i feriti anche se rischiavano di morire dissanguati. Soccorremmo i nostri colleghi come meglio potemmo. Eravamo sopravvissuti a mesi di guerra, all'assedio ed alla battaglia, ci aspettava una dura prigionia non sapevamo quanto lunga e dove ci avrebbero portato. La speranza di riabbracciare i nostri cari e di rivedere l'amata Italia però era come un fuoco sotto la cenere[20].

Ancora dal diario di Ciano:

5 GENNAIO – Da ieri alle 16 la radio di Bardia tace. Riceviamo notizie soltanto attraverso i comunicati britannici. La resistenza delle nostre truppe è stata breve: questione di ore. Eppure le armi non mancavano. Solo le bocche da fuoco erano 430. Perché la lotta non si è protratta più a lungo? Ancora la lotta della pulce contro l'elefante? "Singolare pulce" dice Mussolini che disponeva tra Sidi el Barrani, Bardia e Tobruk di oltre mille cannoni. Un giorno dovrò decidermi a vuotare il sacco e a dire tutta la verità agli italiani storditi da troppe menzogne. Dopo il 3 gennaio, farò il 3 febbraio: un discorso di quelli che frustano a sangue. (...)

La caduta della piazzaforte cirenaica venne annunciata agli italiani con il bollettino di guerra numero 214 del sette gennaio:

Gli ultimi capisaldi che resistevano ancora a Bardia sono caduti verso la sera del 5 andante. Le nostre truppe hanno, durante 25 giorni, scritto pagine sublimi di ardimento e inflitto perdite forti al nemico. Forti sono state anche le nostre, in materiali, in uomini: caduti, feriti, dispersi.

A Bardia gli italiani persero 1.703 morti, 3.740 feriti e 36.000 prigionieri, i britannici 130 morti e 326 feriti.

Per quanto riguardava la situazione strategica britannica nel Medio Oriente si può leggere quanto scritto da Winston Churchill a Wavell il sei gennaio 1941, il giorno seguente alla caduta di Bardia:

La presente composizione dell'armata nel Medio Oriente (escludendo i 120 quasi 70.000 del Kenia e di Aden) ammonta pertanto a 150.000 uomini di truppe combattenti. Seguono 40.000 uomini della truppa addetta alle linee di comunicazioni e 20.000 alle basi, ed altrove...cioè 150.000 più 60.000. A questi si aggiungeranno ora i 22.000 combattenti e 17.000 di altro genere, trasportati dal convoglio W.S.5. per cui si avrà un totale di 172.000 combattenti e 77.000 impiegati nelle retrovie.
Il convoglio W.S.6, ora sotto carico, contiene 8.500 combattenti più 4.000 reclute, una parte delle quali, diciamo 2.500, porta il totale dei combattenti a 11.000, escludendo la base navale mobile, composta di 5.300 uomini, la RAF e la Marina, con 7.000 uomini, 2.000 francesi liberi e circa 9.000 dei servizi di altro genere.
Dopo l'arrivo di questo convoglio le forze complessive nel Medio Oriente comprenderanno 183.000 combattenti e 85.000 addetti ai servizi: cioè si avrà una proporzione di 15 a 7.
A questo punto si deve notare il progressivo peggioramento nella proporzione tra truppe combattenti e servizi nelle retrovie. Deploro profondamente la così risultante composizione del Medio Oriente. Quando tutti questi convogli saranno arrivati, il totale degli uomini da esso trasportati ammonterà a 240.000 più 43.000 più 20.000 complessivamente oltre 300.000 ai quali bisogna aggiungere i 70.000 nel Kenia.

Totale: 370.000 uomini da pagare e nutrire.

---

[20]Reperibile su https://digilander.libero.it/frontedeserto/diari/santecchia.htm

Contro di loro erano i 340.000 uomini del Duca d'Aosta -di cui 91.000 italiani- in Africa Orientale e i 207. 917 che rimanevano a Graziani dopo la perdita di Sidi el Barrani e Bardia, oltre alle truppe francesi fedeli al governo di Vichy in Libano e Siria, circa 33.000 uomini.

Il successivo obbiettivo britannico fu Tobruk.

Qui, dopo un violento attacco sferrato alle ore 7,15 del 21 gennaio 1941 con carri armati contro il caposaldo di Ras Medauar, nettamente respinto, i britannici - protetti da fumogeni e con la massa dei carri - investiva i capisaldi Dahar el Azazi e Bir Junes del settore orientale e riuscivano ad aprirsi un varco tra i due capisaldi; erano le 7,30. Dopo i carri, irrompevano nel varco le fanterie australiane prima della 16th e poi della 19th *Infantry Brigade*, su camionette *bren- carriers* ed a piedi e mescolate ad altri carri. Le forze nemiche si aprivano subito a ventaglio, a sinistra, al centro ed a destra dello schieramento delle nostre artiglierie, aprendo la via ad altre unità meccanizzate della 6th *Australian Infantry Division*.

Soffocando le residue resistenze gli australiani piombavano sul bivio di El Adem, posizione chiave di tutto il sistema difensivo.

Malgrado tutto gli italiani resistevano. Un contrattacco di carri M 11/39 e di reparti celeri della riserva costringeva il nemico, già arrivato nella zona tra i capisaldi Piave e q. 144, a ripiegare provvisoriamente.

Alle 13,30 ogni resistenza era però eliminata ed il caposaldo di El Adem era già nelle mani del nemico; qualche elemento dei carristi riusciva a resistere fino alle 15,30.

Il CXL battaglione CC.NN. doveva anch'esso cedere, dopo la caduta del caposaldo *Piave*, nel suo ridotto di quota 144. Fu citato, per il valore dimostrato, sul bollettino n. 232 delle Forze Armate del 25 gennaio del 1941:

Gli ultimi reparti che nel settore occidentale di Tobruk opponevano una disperata resistenza all'attacco nemico, sono stati sopraffatti nella giornata di ieri. Le forze che si trovavano nella piazzaforte di Tobruk si componevano di una divisione di fanteria, la Sirte, di un battaglione di guardie alla frontiera, di un battaglione di Camicie Nere, di reparti di marinai e artiglieri: un totale di 20 mila uomini circa. Queste forze hanno resistito per 19 giorni al triplice incessante bombardamento dalla terra, dal mare e dall'aria e hanno tenuto testa per quattro giorni all'assalto finale.

Nei giorni 22 e 23 gennaio cadevano tutti gli altri centri e capisaldi, batterie isolate dell'Esercito e della Marina: Nel crollo generale venne travolto anche il battaglione CC.NN. *Volontari della Libia*. La Milizia aveva cessato di esistere in Cirenaica[21].

Bergonzoli aveva chiesto fino all'ultimo a Graziani una sortita da Tobruk o un'azione fiancheggiatrice della propria aviazione, ma nulla fu fatto. La Regia aeronautica faceva la propria guerra autonoma e visto che il nuovo Capo di Stato maggiore generale Cavallero era impegnato in Albania, la Cirenaica era stata di fatto abbandonata al proprio destino. or.

---

21 Sul ruolo svolto dalla MVSN nella campagna 1940- 1941, si veda P. Romeo di Colloredo, *Camicia Nera! Storia militare della Milizia Volontaria per la Sicurezza nazionale dalle origini al 25 luglio*, Bergamo 2017, pp. 107 segg.

Bergonzoli dopo la caduta di Bardia aveva raggiunto Tobruk, e dopo la caduta di questa piazzaforte riuscì a raggiungere le linee italiane; procedeva la notte, per rimanere nascosto di giorno, sempre sotto l'incalzare dei britannici.

Ormai ricollegato con le proprie linee, fu trasferito a Derna, dove il nuovo comandante della 10ª Armata Tellera affidò a Bergonzoli un ulteriore ulteriore disperato compito: tentare un nuova ostruzione al dilagare britannico. La forza assegnatagli era molto scarsa e al di sotto del livello gerarchico di corpo d'armata, che egli sarebbe stato in grado di tenere: in tutto 5.000 uomini eterogenei e raccogliticci. La missione era impossibile, ma non inusuale per un tipo come Bergonzoli, che accettò con il suo solito entusiasmo. Il morale però iniziava a calare, visto che sulla via Balbia e nell'interno, una dopo l'altra le località cadevano una dopo l'altra in mano britannica.

Fu così che ai primi di febbraio compito di Bergonzoli fu quello di facilitare la ritirata del xx corpo d'armata, che dalla sommità della gobba cirenaica tentava di raggiungere Bengasi e Agedabia. Egli aveva ancora una certa mobilità, disponendo di colonne di carri; tuttavia non era prudente spingersi in mezzo al deserto. Gli inglesi, che procedevano per avvolgimento, avrebbero senza difficoltà accerchiato qualsiasi formazione isolata. Bergonzoli si spostò così verso occidente, utilizzando qualsiasi mezzo a sua disposizione: raggiunse così prima Barce e poi Bengasi[22].

I britannici si resero conto che a Tobruk vi erano più truppe di quanto si fosse creduto: circa 30.000 uomini, inclusi numerosi specialisti ed un distaccamento navale di più di 2.000 uomini. Vi erano, anche qui, tanti automezzi che nessuno si prese la briga di contarli, 87 carri e più di 200 cannoni. Vi era un grande deposito di carburanti e 10.000 tonnellate di acqua in cisterna, cibi in scatola, frutta, vegetali e carne, che non erano stati distribuiti alle truppe.

Si era tentato di mettere fuori uso il porto ma la *Royal Navy* lo aveva già riattato 48 ore dopo la resa italiana. Le perdite del XIII corpo d'armata furono di poco superiori ai 400 uomini di cui 355 australiani.

Il giorno in cui fu lanciato l'assalto contro Tobruk i capi di stato maggiore britannici comunicarono a Wavell che ora veniva considerata di grande importanza la presa di Bengasi. O'Connor stava già facendo i piani per questo altro balzo in avanti. Aveva disposto che la 7ª *Armoured Brigade* continuasse ad avanzare verso Derna e che la 4th *Armoured Brigade* cominciasse a marciare su El Mechili, distante 160 chilometri. La sera del 22 gennaio la prima era a contatto con gli italiani , a 30 chilometri da Derna, mentre pattuglie della seconda erano già sulle piste che portavano da El Mechili a ovest, sud e sud est.

Il comandante della 10a Armata, generale Tellera tentò di creare un'articolata difesa sulla linea Derna- Berta- el Mechili. Essa avrebbe dovuto arrestare lo sforzo principale nemico con la resistenza statica dell'ala nord più forte e con la manovra di elementi mobili a sud in pieno deserto. Tale compito fu affidato ai 25.000 uomini della 10ª armata, schierati sui 120 km. A Tellera non rimase quindi che far abbarbicare le sue truppe sull'altipiano del Gebel cirenaico.

A Derna allo scopo di sbarrare la via Balbia Tellera concentrò 5000 uomini,

---

22 G. Cecini, *I generali di Mussolini*, Roma 2016.

compresa la divisione *Sabratha*; si trattava di una forza eterogenea, proveniente da diversi reparti, tra cui il battaglione paracadutisti libici, composto di personale eccellente, con artiglierie di vario calibro, che mise agli ordini di Bergonzoli uscito miracolosamente dall'assedio di Bardia. A Mechili – poco più che un avamposto isolato – lasciò la brigata corazzata Babini. All'interno di una difesa statica a cordone, questa forza accentrata avrebbe dovuto dare un senso di dinamicità e di reazione, per rintuzzare qualsiasi attacco avversario. Tuttavia il problema era nella morfologia del terreno desertico, privo di grandi appigli tattici proprio a Mechili.

Noncurante di ciò, il dispositivo venne ribattezzato dallo stesso Graziani in maniera altisonante come .il *Grappa della Libia*.

La sera del 23 gennaio tutto ciò che restava dell'esercito che Graziani aveva a sua disposizione al principio di dicembre erano la divisione *Sabratha* (meno un reggimento di fanteria) in posizione immediatamente ad est di Derna, una brigata corazzata di circa 160 carri, e l'altro reggimento di fanteria della 60ª divisione che si trovava a El Mechili agli ordini del generale Babini. Più ad ovest, non si sapeva con certezza se in Cirenaica o in Tripolitania, c'erano due altre divisioni .

Il nucleo settentrionale delle forze in Cirenaica teneva la strada costiera che andava a Bengasi mentre il nucleo meridionale era attestato sul principale nodo di congiunzione tra le vie di comunicazione provenienti dal deserto, dal Gebel e dalla costa. Wavell vedeva chiaramente come O'Connor la possibilità di una rapida avanzata su Bengasi e di una vittoria decisiva. O'Connor realizzò entrambi gli obiettivi in neanche tre settimane. Il ritmo di questa fase finale della campagna fu frenetico.

Mentre la 6th *Australian Inf. Division* veniva arrestata a Derna dalla divisione *Sabratha* coadiuvata dal battaglione paracadutisti libici, la 7th *Armoured* raggiunse el Mechili , un incrocio di piste di importanza strategica all'interno del Gebel Cirenaico.

Se Mechili fosse caduta , l'intero fronte cirenaico sarebbe stato aggirato sul fianco desertico e quindi le truppe della 10a Armata sarebbero state costrette ad un'altra ritirata per evitare l'accerchiamento.

La 4th *Armoured Brigade*[23] inquadrava il 3th *Hussars* con 25 MkVI e 9 *Cruiser*, il 7th *Hussars* con 26 MkVI e 1 *Cruiser*, il 2nd RTR con 6 MkVI e 21 Cruiser (3 carri A9, 7 A10, 11 A13) per un totale di 57 MkVI e 31 *Cruiser*.

Gli italiani schieravano la Brigata Corazzata Babini , con carri leggeri e medi , artiglieria ed il 10°Reggimento Bersaglieri., con in riserva il Raggruppamento motorizzato Piana e la Colonna Bignami.

La Brigata Corazzata Babini aveva in forza 138 ufficiali, 2.200 tra sottufficiali e truppa, 8 pezzi da 75/27,8 da 100/17, 8 da 47/32 e 16 da 20/65, 12 mitra Fiat 35, 4 da 12,7mm, 7 fuciloni controcarro *Solothurn*, 6 mortai da 81mm, 57 carri M 13/40, 25 CV33, 6 autoblindo AB40, 30 lanciafiamme, 90 autocarri leggeri e 160 pesanti, 180 moto;

il Raggruppamento motorizzato Piana inquadrava 121 ufficiali, 2.241 uomini di truppa, 12 cannoni da 105/28 e 24 da 75/27, 12 pezzi da 65/17, 20 da 20/65, 62 mitragliatrici Fiat 35, 18 mortai *Brixia* da 45, 10 lanciafiamme, 115 autocarri leg-

---

[23] Si ricordi come una brigata britannica corrispondesse ad una divisione italiana.

geri, 83 pesanti, 120 motociclette.

La Colonna Bignami inquadrava il XXV° e XXVII° battaglione mitraglieri motorizzati , un gruppo di 12 pezzi da 75/27 distaccato dal 10° Reggimento artiglieria della div. *Bologna* , VI e XXI btg carri M13/40 , ciascuno su 37 mezzi.

Gli scontri di El Mechili si svolsero tra il 24 e 25 gennaio 1941 In una prima fase i MkVI britannici , carri leggeri armati di mitragliatrici da 12.7mm , vennero a trovarsi sotto l'attacco dei carri medi subendo alcune perdite: la maggioranza delle fonti afferma almeno cinque carri britannici distrutti. In seguito a questa inaspettata controffensiva italiana , i carri leggeri britannici si ritirarono. Nella seconda fase i britannici contrattaccarono portando in prima linea anche altri mezzi , come i 2pdr *portee* e alcuni 25pdr per supportare i carri *cruiser* , armati di un cannone da 2pdr , in grado di perforare la corazza dei carri italiani. . I britannici persero un *cruiser* A10 ed un altro MkVI oltre a molti altri danneggiati per un totale di 20- 25 mezzi colpiti. In difficoltà a causa anche di questo nuovo scontro , i britannici nuovamente batterono in ritirata, inseguiti dagli italiani che però finirono sotto il tiro dei 2pdr *portee* e dei 25 pdr, perdendo tra i 4 ed i 6 carri medi; inoltre i carri di Babini avevano perso il contatto radio con la base e quindi tornarono indietro.i. O'Connor decise di schiacciare ciò che restava delle forze italiane in questa zona fronteggiando la divisione *Sabratha* a Derna, che insieme ai paracadutisti libici aveva bloccato gli australiani, ritardando i piani britannici.

Il 25 febbraio, dopo dieci giorni di feroci combattimenti, i Fanti *dell'Aria* libici vennero travolti dagli australiani a el Fteiah, e costretti a cedere terreno, venendo poi accerchiati dalle unità motorizzate britanniche; sopravvissero, di tutto il gruppo Tonini, solo 148 tra ufficiali, sottufficiali e paracadutisti, che riuscirono a ripiegare.

A causa della resistenza della *Sabratha* O'Connor si vide costretto perciò a lasciare due brigate della 6th *Australian Infantry Division* vicino a Derna, e mandò la terza brigata a sud a congiungersi alla 7th *Armored Division* e al gruppo d'appoggio. Il 25 gennaio diede ordini espliciti per ché fosse inibito al generale Babini e alle sue truppe di ripiegare da El Mechili.

Gran parte di queste forze, tuttavia, vennero bloccate dalla mancanza di carburante fino al mattino del 27 gennaio e durante la notte, Babini era sfuggito all'accerchiamento dirigendosi verso nord. Quando la ricognizione aerea scopri gli italiani su una strada che non figurava in alcuna carta inglese che si allontanavano rapidamenteo la 4ª brigata corazzata si lanciò al loro inseguimento per due giorni, e i cacciabombardieri li attaccarono col fuoco delle mitragliere e con bombe leggere. Ma il pomeriggio del 28 gennaio le cose andavano molto male: pioggia a dirotto, numerosi guasti meccanici e deficienza di carburante costrinsero a interrompere la caccia.

Il 29 gennaio gli italiani si ritirarono da Derna. Gli australiani occuparono Derna il 30 gennaio. O'Connor pensò per un momento di poter concedere un pò di respiro a una parte dei suoi ufficiali e dei suoi uomini e di poter rimettere in sesto i carri e il materiale logoro. Per avvolgere il nemico sul Gebel, era necessario fai compiere alla 7th *Armored Division* un movimento più ampio della semplice marcia di avvicinamento lungo la pista che da El Mechili conduceva ad ovest.

Durante i due giorni seguenti la resistenza italiana sul fronte tenuto dagli australiani, nel settore nord, cominciò a diminuire notevolmente a causa dello sganciamento delle truppe e giunse notizia che la Regia Aeronautica stava abbandonando i pochi campi da essa ancora occupati, ridislocandosi in Tripolitania.

Nelle prime ore del mattino queste voci di ripiegamento trovarono conferma quando furono scorte lunghe colonne in movimento ad ovest di Barce e carri armati che, sempre a Barce, venivano caricati sui treni. La sera del 31 gennaio durante una riunione con i suoi generali O'Connor sostenne che gli italiani si stavano preparando ad abbandonare non soltanto il settore costiero ma l'intera Cirenaica. Era essenziale nell'inseguimento la massima celerità: non poteva permettersi di attendere dei rinforzi che non lo avrebbero raggiunto prima del 10 febbraio.

L'indomani di primo mattino su urgente richiesta di O'Connor, Dorman Smith partì in volo per il Cairo dal comandante in capo per ottenere l'autorizzazione ad una rapida avanzata al fine di intercettare la ritirata italiana.

Intanto in Tripolitania si stava diffondendo il panico di fronte alle notizie che giungevano dal fronte insieme ai profughi delle città e dei villaggi colonici che abbandonavano la Cirenaica di fronte all'avanzata nemica, come nel Friuli invaso del dopo Caporetto.

Scrive Mario Tobino:

In Cirenaica c'è una completa rotta. Chi lo ha potuto è fuggito, come ha potuto. Tripoli dista moltissimi chilometri dalla Cirenaica. Sono stati usati camion, autoambulanze; colonnelli che si aggrappavano a camion che fuggivano. Molte donne e bambini sono stati lasciati là. Non avevano l'automezzo per fuggire. Da queste parti senza automezzo non ci si muove, essendoci centinaia di chilometri da un'abitazione all'altra.

A Derna la città essendo rimasta sola, prima che venissero gli inglesi, gli arabi si sono dati al saccheggio. I carabinieri che erano rimasti a Derna sembra che abbiano sparato sugli arabi. Ma le notizie che portano dalla Cirenaica i soldati fuggiti sono colorate dall'emozione e dalla paura.

Tripoli è piena di donne e bambini che prima della sconfitta sono riusciti a fuggire avendo un automezzo o venendo con l'aereo qualche giorno fa.

Molti dicono che gli inglesi arriveranno fino a Tripoli.

(...) Qui all'ospedale di Tripoli molti, tra ufficiali e soldati, accusando e lamentandosi di malattie, cercano di andare in Italia con la nave-ospedale. Molti preparano rivoltelle e fucili per difendersi dagli arabi in caso che questi selvaggiamente ci assaliscano[24].

24Tobino 2011, pp.84-85.

CARRI E FANTI BRITANNICI ALL'ASSALTO
(KURT CAESAR, 1941. COLLEZIONE DELL'AUTORE)

Stützpunkt „Cirener"

Caposaldo: „Cirener"

CAPOSALDO "CIRENE". IN PRIMO PIANO IL RELITTO DI UN CR42 *FALCO* DIS-
TRUTTO DURANTE L'OFFENSIVA BRITANNICA.
(DISEGNO DI KURT CAESAR, 1941. COLLEZIONE DELL'AUTORE)

MUSSOLINI ACCETTA L'AIUTO TEDESCO.

Solo allora il Duce, anche a causa della crisi in corso sul fronte albanese, si decise a chiedere a Hitler l'aiuto che in precedenza aveva sempre rifiutato. Nell'esposizione del Führer sulla situazione politico militare tenutasi a Berchtesgaden il venti gennaio 1941, e spedito allo Stato Maggiore Generale italiano, si evince la decisione definitiva di spedire truppe corazzate tedesche in Libia.
Più precisamente Hitler mise a verbale le seguenti parole, riferendosi all'Africa Settentrionale:

L'unità speciale che si sta approntando per la Libia viene costituita tenendo presente che l'azione anticarro è essenzialmente un problema psicologico. L'esperienza della lotta in Francia ha dimostrato come delle unità anticarro bene addestrate possa distruggere molti carri anche se potenti come quelli francesi, che sono stati immobilizzati facendo fuoco sui cingoli. Ritengo che questa unità speciale sarà assai più utile in Libia di vere e proprie grandi unità corazzate, le quali in ogni caso per la loro pesante composizione non avrebbero potuto giungere che troppo tardi. Invece questa unità di sbarramento, con elementi particolarmente addestrati al tiro contro i carri (addestramento che richiede da quattro a sei mesi di tempo) può rendere previsioni servizi.
Non dovrà essere impiegata nella difensiva, ma deve avere il compito di attaccare i carri armati nemici.
Lo stesso nome di *Panzerjääger* (cacciatori di carri) dice quale è il compito di queste speciali truppe. Le mine hanno anche un grandissimo valore contro i carri: esse sono state molto adoperate al fronte occidentale ed hanno dato risultati preziosi, specie la dove si intendeva garantire la sicurezza di punti delineati. Il collocamento delle mine richiede anche poco tempo: in quattro giorni al fronte occidentale sono state collocate 60.000 mine. Il toglierle è opera quanto mai difficile e richiede dei veri eroi.
Chiedo se non sia possibile portare a Tobruk mine con piccolo piroscafo o sommergibile. Il Maresciallo Keitel si dichiara disposto a metterne a disposizione, qualora occorrano, dietro semplice richiesta telegrafica.
Insisto sull'importanza del fronte Derna–Mechili, che deve essere tenuto ad ogni costo.
 Anche nei riguardi della questione di Gibilterra e della Francia ha molta importanza mantenere le posizioni italiane in Libia, che potrebbero costituire basi per eventuali azioni verso ovest.

Le unità tedesche si stavano dunque preparando ad intervenire in Libia: nel frattempo Graziani avrebbe dovuto resistere il più a lungo possibile, aspettando gli aiuti germanici, i quali sarebbero giunti solamente nella seconda metà di febbraio.
 Chiedere aiuto ai tedeschi comportava una perdita di prestigio per l'Italia e la fine della guerra parallela.
Il generale Roatta, Sottocapo Maggiore dell'Esercito scrisse un piccolo memoriale nel gennaio 1941, presentandolo al Duce e nel quale concludeva:

1) Non si giudica probabile di poter stroncare il nemico numero uno, la Gran Bretagna, colpendolo nella Madrepatria.
 Si giudica invece possibile di stroncarlo infrangendo la cerniera mediterranea del suo

impero.

2) Dato che l'avversario concentra in corrispondenza di essa gran parte delle sue forze, l'Italia non è in condizioni di assolvere – da sola – tale compito.

3) Di conseguenza è necessario di assolverlo in comune, sostituendo alle attuali azioni parallele, ma distinte e distanti, una potente azione collettiva mirante allo scopo suddetto.

4) Detta azione dovrebbe attuarsi nei Balcani e al Levante. Dovrebbe essere affiancata da misure collettive, da realizzare solo in caso di necessità, nella Francia metropolitana.

5) Pregiudiziali a detta azione dovrebbero essere:

a) intesa intima, chiara e costante dal punto di vista politico militare;

b) direzione virtualmente unica, nel senso di predisporre e condurre in perfetto accordo le operazioni delle singole forze, rientranti nel quadro dell'azione collettiva;

 c) messa in comune dei materiali, non essendo ammissibile che gli uni combattano con mezzi inadeguati, mentre gli altri forniscono armi moderne a terzi, non tutti fidati.

6) Non si tratta in tutto questo, di aiuti, ma semplicemente di concentramento di sforzi nel teatro di operazioni naturalmente più vulnerabile per l'Asse, nel quale l'avversario può essere più efficacemente colpito, e dove – rendendosi conto di ciò– concentra le sue forze.

Un primo riferimento ad un aiuto germanico agli italiani in Libia risale al tre settembre 1940, quando tra l'addetto militare italiano a Berlino, generale Marras, e il generale Jodl dell'OKW venne fatta menzione di reparti tedeschi da inviare in Libia. Un mese dopo, il 4 ottobre, Mussolini e Hitler si incontrarono al Brennero e la questione venne ripresa, come già ricordato; Mussolini rifiutò, ringraziando, l'invio di truppe tedesche sostenendo che *le sole cose che potrebbero occorrere sono gli autocarri, un'aliquota di carri pesanti ed alcune formazioni di Stukas.*

In queste contesto si svolse la visita del generale Ritter von Thoma in Libia, che avvenne a fine ottobre 1940.

Von Thoma compì la sua visita quasi a ridosso dell'attacco alla Grecia. Nel suo rapporto a Hitler, Von Thoma fece presenti le gravi carenze delle forze armate italiane in Libia: scarsità d'automezzi, carri armati e equipaggiamento individuale inadeguati. Il suggerimento del generale fu di inviare un corpo di spedizione su 4 divisioni corazzate, il numero massimo che si potesse rifornire con successo in Libia. L'invio di una simile forza di spedizione in Libia avrebbe senz'altro permesso ai tedeschi di sconfiggere definitivamente gli uomini di Wavell. Infatti se la *Western Desert Force* appariva in grado di tener testa agli italiani non altrettanto si poteva dire se si fosse trovata da subito di fronte i tedeschi.

 In questa fase del conflitto Italia e Germania, pur unite nella guerra contro l'Inghilterra, tenevano particolarmente a preservare le proprie sfere di influenza. Un possibile intervento tedesco in A.S.I. trovava un accoglienza diversa tra gli italiani: Mussolini l'avrebbe accettato a patto che il suo peso non fosse preponderante e non facesse sfigurare gli italiani, preferendo comunque continuare a combattere la propria *guerra parallela*.

Badoglio e Graziani invece si opponevano decisamente ad un intervento diretto.

A proposito della missione di von Thoma, il generale Quirino Armellini annotò nel proprio diario ain data 16 ottobre:

È giunta la missione tedesca von Thoma, generale delle Truppe celeri, per trattare del concorso tedesco in Libia. Mentre le direttive del duce lo escluderebbero, pare che al

Brennero, su richiesta tedesca, si sia stabilito non già l'invio dei singoli mezzi, ma di organici reparti motorizzati e corazzati.

Il Generale Miele, in un promemoria per il Maresciallo Graziani, come ricorda Nicola Pignato, spingeva per avere reparti sciolti, anziché solo i materiali poiché si era reso finalmente conto delle difficoltà di addestrare il nostro personale ai nuovi mezzi; avrebbe però voluto limitarli ad un reggimento motorizzato e ad un reparto celere con un centinaio di autoblindo. Al contrario, Roatta, il quale era stato addetto militare a Berlino da luglio a novembre 1939 e pure doveva essere informato della mentalità degli alleati e della complessità del materiale germanico, era dell'opinione che una volta conquistata con i nostri mezzi Marsa Matruh, i tedeschi ci avrebbero fornito 150-200 carri e un centinaio di autoblindo.
Molto ottimisticamente, dichiarava che i reparti sarebbero stati addestrati in due mesi! Forse non si era accorto che il passaggio dal carro leggero L 3 al ben più sofisticato M 13 era già impegnativo per il livello medio del nostro personale[25].
Uno dei pretesti per rifiutare la divisione corazzata germanica fu la considerazione che questa era troppo pesante dal punto di vista logistico.
Prosegue Pignato:

Declinare l'offerta, come farà Mussolini, dopo aver a lungo tergiversato, il 5 ottobre sarà un gravissimo errore: un fatto sarebbe stato ottenerla prima dell'offensiva britannica (che probabilmente sarebbe stata rinviata o addirittura annullata), un altro accettarla allorché si era sul punto di essere cacciati dalla Cirenaica. Abbastanza stranamente, però, il 24 Graziani scriveva al Capo di S.M.G.[Badoglio, ndA] una lettera nella quale, dopo aver riferito dei contatti con von Thoma ed averlo ragguagliato sui problemi logistici (*prima di ogni altro quello idrico e dei carburanti al seguito*), esprimeva le sue perplessità sulla *convenienza di evitare tale concorso*, dato che *il merito principale del successo sarebbe di questa divisione corazzata*[26].

Anche in Germania, nell'OKW i pareri sull'invio di un contingente germanico in aiuto del barcollante alleato italiano era fonte di controversie.
Hitler, per quanto già con la mente rivolta all'Unione Sovietica, non aveva ancora definito i suoi intendimenti per l'area mediterranea. L'ammiraglio Raeder e il generale Jodl spingevano in questa direzione per assestare all'Inghilterra il colpo decisivo mentre il generale Halder oppose da subito un netto rifiuto all'idea di distogliere truppe utilizzandole nel settore mediterraneo.
Il Comado Supremo lasciò comunque cadere l'argomento, sino a quando l'operazione *Compass* non travolse catastroficamente la 10a Armata, minacciando la presenza stessa dell'Italia sulla Quarta Sponda.

---

25 N. Pignato, "Prime esperienze italiane di guerra corazzata in A.S." rep. su http://www.regioesercito.it/articolivari/espcor.htm
26Ibid.

CARRI M 13/40 ALL'ATTACCO (DISEGNO DI KURT CAESAR, 1941. COLLEZIONE
DELL'AUTORE)

FOX KILLED IN THE OPEN.
LA BATTAGLIA DI BEDA FOMM

Nel frattempo la 7th *Armored Division* senza attendere alcun rinforzo, era andata avanti in base all'ordine di O'Connor di proseguire fino a che avesse avuto possibilità di muoversi. Per ciò che riguardava i rifornimenti i primi convogli caricati a Tobruch stavano cominciando ad arrivare a El Mechili e per il 4 febbraio la divisione avrebbe potuto procedere con i propri veicoli completi di rifornimenti e farsi seguire da un convoglio con acqua carburante viveri e munizioni occorrenti per due giornate. Tutto questo complesso aveva già ricevuto il preavviso di tenersi pronto a muovere su Msus. Il 4 febbraio Wavell stesso si spostò in volo in Cirenaica. Di ritorno al Cairo prima di notte egli comunicò al Capo di Stato Maggiore Imperiale che quanto restava della 7th *Armored Division*, una brigata con 40- 50 carri pesanti e circa 80 carri leggeri e il gruppo di appoggio, i cui automezzi erano logori e i cui uomini esausti stava puntando su Msus che avrebbe potuto raggiungere in serata. Contemporaneamente gli australiani stavano avanzando lungo la strada principale per Barce e Bengasi e la RAF batteva gli italiani in ritirata. I carri armati britannici occuparono Msus quello stesso giorno ma la provata 7th *Armored Division* faceva fatica ad avanzare in quella regione cosi accidentata e soltanto all'alba del 5 febbraio poteva segnalare di trovarsi in posizione ad est di Msus.

L'inseguimento continuò per tutta la giornata. La *4th Armoured Brigade* si stava avvicinando a Beda Fomm dove gli italiani si stavano frettolosamente ammassando per quella che poteva essere l'ultima loro posizione di resistenza.

Alle 10.30 del 6 febbraio 1941, il grosso delle forze italiane che cercava di raggiungere Agedabia abbandonando la Cirenaica ormai quasi completamente occupata dagli inglesi, veniva irrimediabilmente bloccato da reparti corazzati nemici all'altezza della Bottega Araba, a 39 chilometri da Agedabia.

L'immensa colonna in ripiegamento era investita sul fianco dal fuoco delle artiglierie mentre decine di carri armati e di autoblindo avvolgevano la testa della formazione impedendole ogni movimento. Il piano strategico elaborato dal Wavell era perfettamente riuscito. Mentre la 6th *Australian Division occupava* Bengasi e in seguito tallonava le retroguardie della 10a Armata, che si ritiravano lungo la strada costiera, la 7th *Armoured*, si spingeva da Derna nel deserto, aggirava il Gebel Achdar, occupava el-Mechili e proseguiva la sua difficile marcia su piste infami raggiungendo Msus il 4 febbraio, Antelat il 5 e la costa del Mediterraneo il giorno seguente, chiudendo le forze italiane in una sacca senza scampo. Come racconta l'inviato del *Times*,

Nessun esercito aveva mai attraversato prima una landa così vasta. Per poter realizzare l'impresa era stato necessario ridurre la razione dell'acqua ad un solo bicchiere al giorno, ed ogni cosa era stata sacrificata alla velocità, persino le soste per i pasti e per il riposo notturno.

Per completare l'accerchiamento delle forze italiane i genieri britannici avevano cosparso la via Balbia di mine, rendendola impraticabile. Va anche detto che mentre i reparti inglesi motorizzati e corazzati potevano manovrare liberamente su tutto il terreno circostante la strada, quelli italiani, montati su automezzi, erano legati alla rotabile ed erano facili obiettivi. Si aggiunga, come riferisce uno studio dello Stato Maggiore dell'Esercito,

Che una moltitudine disordinata di militari di enti diversi e di civili si era frammischiata alla colonna in marcia, provocando confusione e difficoltà; erano militari di truppa appartenenti alle più svariate unità, alle compagnie lavoratori e ai servizi d'intendenza; era personale dell'aviazione e della marina; erano uomini, donne e bambini provenienti da Bengasi su torpedoni e automezzi di ogni genere[27]

Una colonna di 5.000 uomini, comprendente soprattutto artiglieri con i loro pezzi ma anche parecchi profughi civili, si arrese a sud ovest di Beda Fomm. O'Connor trasferì il suo comando avanzato a Msus e all'alba del 6 febbraio risultò evidente ai britannici che gli italiani si apprestavano a fare un ultimo tentativo per aprirsi una via nel cerchio che si era rapidamente formato intorno a loro. Le truppe della 10a Armata combatterono con accanimento e valore tutto il giorno ma quando sopraggiunse la sera la loro situazione era disperata.

Il mattino del 6 febbraio il Generale Babini disponeva ancora di 16 Ufficiali e 2300 uomini, 24 carri del V battaglione e di 12 del III, in retroguardia, 24 pezzi di artiglieria, 18 pezzi controcarro, 320 autocarri e altri mezzi minori. Arrivato il momento decisivo, alle ore 13 di quel giorno, a una cinquantina di chilometri da Agedabia, gli M 13/40 del V battaglione si scontrarono con corazzati britannici sopraggiunti da oriente. In loro aiuto intervenne il III battaglione; i britannici, ripiegando, persero tre carri e lasciarono dei prigionieri. Alle 16 i carri del III, appoggiati dalle batterie del 12° artiglieria, intervennero nuovamente con successo in aiuto ad un'altra colonna della 10^ Armata attaccata da una ventina di carri inglesi. Durante il movimento dell'Armata, molte colonne erano intanto rimaste intrappolate tra Beda Fomm e il mare. A sbarrare il passo una ventina di carri Cruiser inglesi. Dopo aspri combattimenti, soltanto quattro M 13/40 del VI battaglione, caduto nell'agguato dei Cruiser britannici, si salvarono. Fu così distrutto il VI battaglione carri medi, formato dal 33° Reggimento carristi di Parma, passato al deposito del 32° reggimento di Verona e sbarcato in Libia soltanto il 22 gennaio I carri del XXI battaglione, giunti in ritardo e tagliati fuori da un campo minato steso nel frattempo dal nemico, non riuscirono a contribuire allo sforzo offensivo. [28].

Il tenente Norman Plough del 2 RTR scrisse in seguito, a proposito della tattica italiana che

[Le tattiche italiane] erano povere- semplicemente attacchi frontali contro le nostre posi-

---

[27]Stato Maggiore dell'Esercito, Ufficio Storico, *La prima offensiva britannica in Africa Settentrionale (ottobre 1940-febbraio 1941)*, 1, Roma 1972., p. 272.

[28]http://www.militarystory.org/la-guerra-dei-carri-armati-italiani-nelloperazione-compass/

zioni più elevate. Invece di attaccarci con almeno 50 carri che avrebbero potuto travolgerci, avanzavano lentamente con gruppetti di 15 o 20. Per noi furono esercizi di tiro piuttosto facili (*it was fairly early gunnery pratices for us*)[29].

Anche il Comandante della 10a Armata, Giuseppe Tellera, cadde in combattimento.

Tellera was among the casualties, mortally wounded. He had made a gallant effort and had failed. Such is the fortune of war[30].

Il generale Tellera noncurante del fittissimo fuoco, saliva su uno dei carri superstiti e cercava di risalire la colonna per andare incontro alla brigata corazzata del generale Bergonzoli e con questa compiere l'ultimo tentativo per rompere l'accerchiamento. Ma mentre risaliva lo schieramento si scontrava con una formazione corazzata nemica e veniva ferito gravemente a un polmone. In una lettera del 31 maggio 1941, il tenente medico Mauro Sabiani così descriveva alla moglie le ultime ore del generale:

Sua Eccellenza presentava diverse ferite da scheggia di granata in più parti del corpo, delle quali la più grave era una penetrata al polmone al terzo spazio intercostale di destra. Era stato colpito da una scheggia di granata scoppiatagli a qualche metro di distanza. [...] Soffriva, respirava male, e stentava a parlare. [...] Il Generale morì nelle mie braccia alle ore due del 7 febbraio nel deserto Cirenaico, nei pressi di Solluch. Vi sia di conforto, signora, il sapere che il vostro caro marito non fu mai toccato da una mano che non fosse italiana: per un mio orgoglio e per un mio dovere. [...] Intanto gli alti comandi inglesi, che evidentemente erano stati messi al corrente del fatto, mi dettero personalmente l'autorizzazione di accompagnare la salma a Bengasi e mi fecero accompagnare da un capitano cappellano anglicano[31].

Tellera fu l'unico Comandante d'Armata di qualsiasi esercito caduto combattendo nelle due guerre mondiali. Ebbe la Medaglia d'Oro al Valor Militare alla Memoria con la seguente motivazione:

Capo di Stato Maggiore del Comando Superiore Forze Armate Africa Settentrionale, fu organizzatore fattivo e previdente, specie nel periodo che condusse le nostre armi alla vittoria di Sidi El Barrani. Assunto, in una situazione particolarmente critica il comando di un'armata, conservava durante il forzato ripiegamento del Gebel Cirenaico, la calma più serena, dando luminose prove di alta capacità di comando e di eminente valore personale. Nella battaglia del Sud Bengasino, quando il nemico aveva già reso impossibile la ritirata delle nostre truppe su Agedabia, arrestava, in due giorni di asprissima lotta, l'irruenza dell'avversario e gli infliggeva gravissime perdite, obbligandolo a desistere dalla sua spinta nella Sirtica.
Riunite le truppe superstiti in estrema difesa in una località particolarmente importante, tentava ripetutamente, con grave rischio personale, di raccogliere gli ultimi mezzi per

---

[29]J. Latimer, J. Laurier, *Operation Compass 1940. Wavell's whirlwind offensive,* Oxford 2000, p.70.

[30]H. Rowan-Robinson, *Wavell in the Middle East,* London 1942, p. 105.

[31]A. Del Boca, *La tragica fine della X armata e del suo comandante. Lettere dalla Libia del generale Tellera,* "I sentieri della ricerca. Rivista di storia contemporanea" 3, 2006, pp. 73-90.

aprirsi un varco e rompere l'accerchiamento nemico. In tale supremo eroico tentativo cadeva gloriosamente sul campo, degnamente, suggellando una vita d'intera dedizione alla Patria.

— Sidi El Barrani - Africa Settentrionale settembre 1940 - Agedabia 6 gennaio 1941.

Lungo i trenta chilometri dell'unica possibile via di scampo, da Solluch ad Agedabia la *7th Armored Division* riuscì ad immobilizzare una caotica massa di veicoli e uomini. Nei ripetuti tentativi di aprirsi una breccia gli italiani persero più di 80 carri. Intanto O'Connor ordinava alla 6th *Australian Infantry Division* di inviare un distaccamento celere della forza di circa una brigata lungo la strada principale da Barce a Bengasi e su Ghemines per completare l'accerchiamento dei reparti italiani. Gli australiani si spinsero in avanti con la maggior velocità possibile e in quello stesso giorno ottennero la resa di Bengasi. L'alba spuntò fredda e limpida.
Un reparto di circa trenta carri medi italiani fece un ultimo, vano attacco contro la barriera dei mezzi corazzati britannici; i carristi caricarono eroicamente i pezzi controcarri britannici travolgendoli e venendo colpiti. Fu una lotta feroce, e l'ultimo M13/40 venne colpito dall'ultimo cannone anticarro inglese rimasto efficiente davanti alla tenda comando di O'Connor: fallito il tentativo ci fu immediatamente la resa delle fanterie.
'O Connor inviò a Wavell un breve messaggio in chiaro per annunciare la vittoria: *Fox killed in the open, la volpe è stata uccisa allo scoperto.*
La 10a Armata lasciò così sul campo ben 101 dei suoi M 13/40, trentanove dei quali, in gran parte carri del XXI battaglione, intatti[32]; solo settemila italiani e 1.300 libici (resti del Corpo d'Armata libico e del reggimento Fanti dell'Aria) sfuggirono alla prigionia britannica. Restarono in mani britanniche 130 mila soldati, 400 carri armati e 1.200 cannoni. Anche l'aviazione aveva subito perdite gravissime nel corso dell'offensiva di Wavell: 564 apparecchi, di cui 200 abbattuti in volo o distrutti a terra, gli altri abbandonati durante il ripiegamento.
I britannici giunsero sino ad Agedabia, e lì si fermarono.

Agedabia è composta di poche case nel deserto, all'inizio della Cirenaica, in mezzo a una distesa. Lì si era conclusa l'astuzia di Wavell, i bersaglieri avevan resistito col petto, soltanto per resistere, ed erano morti.
(...) La piana di Agedabia sulla destra, verso sud, sale leggermente in un rialzo. Da quello erano spuntati carri armati e autoblinde della divisione Nilo[33].
Agedabia quel giorno formicolava di fuggitivi, di reparti senza ordini, senza automezzi; davanti c'era la Sirtica immensa; alle loro spalle il nemico avanzava tranquillo e allegro.
Alcuni bersaglieri, con i fucili, un numero irrisorio di carri armati chiamati scatole di cerini per quanto erano piccoli e fragili[34], si schierarono in quella piana, mentre a un lato vi era il formicolio di soldati incerti, suggestionati, senza bandiera. Fu un breve combattimento. I bersaglieri avevano, oltre il petto, la gioventù.
Per croce gli misero due tavolette incrociate tolte dalle casse di pasta di Napoli; i bersaglieri rimasti vivi, mentre erano per essere avviati prigionieri, ci scrissero sopra i nomi

---

[32]http://www.militarystory.org/la-guerra-dei-carri-armati-italiani-nelloperazione-compass/
[33]Prob. intende la 7th *Armoured* ndA.
[34]I CV 33, ndA.

col lapis.

Sulla croce fu messo a ognuno il proprio casco di bersagliere.

I prigionieri poi andarono verso l'Egitto incolonnati in righe nere. Il campo di Agedabia rimase con le croci sottili, con sopra tentennanti quei cappelli, le poche "scatole di cerini" rovesciate e foracchiate; sotto la sabbia cominciarono a ridere i denti dei bersaglieri rimasti[35].

[35]Tobino 2011, pp. 103-104

CARRI DELL'*ARIETE* NEL PORTO DI TRIPOLI, GENNAIO 1941
(DISEGNO DI KURT CAESAR. COLLEZIONE DELL'AUTORE.)

EPILOGO.

Il Maresciallo Graziani l'otto febbraio inviò a Mussolini il seguente telegramma, che denunciava il crollo fisico e morale del Maresciallo, ormai il fantasma del conquistatore della Somalia:

Duce, gli ultimi avvenimenti hanno fortemente depresso i miei nervi e le mie forze, tanto da non consentirmi di tenere più il comando nella pienezza delle mie facoltà. Se per falso sentimento di amor proprio lo tacessi mi sentirei grandemente colpevole. Ho cercato in tutti i modi di far comprendere la verità. Non sono stato ascoltato. Sono sicuro che una nuova energia potrà rendere assai più di me nella fase risolutiva delle operazioni, che qui si preparano.

Nuovo Governatore Generale della Libia venne nominato il generale Italo Gariboldi. Prima di rientrare in Italia, Graziani fissò i criteri operativi da seguire per la difesa aerea della Tripolitania:

Argomento: Direttive operative.
– Ecc. Comandante 5° armata
– Ecc. Comandante 5° aereo squadra
– Sig. Generale Intendente
– Sig. Comandante superiore Genio.

Riassumo e preciso le direttive cui deve essere informata la nostra azione per contrastare la eventuale avanzata nemica verso ovest:

– Funzione dello sbarramento Homs–Kussabat in atto di costituzione con le truppe defluite dalla Cirenaica.
Arrestare l'avanzata nemica sia verso Tripoli e sia verso Tarhuna.
– Compito della divisione corazzata *Ariete*[36]: tenersi pronta a manovrare sul fianco del nemico qualora dovesse abbandonare lo sbarramento Homs–Kussabat.
– Funzione del presidio di Sirte: mantenere il contatto con il nemico e trattenerlo il più a lungo possibile, ritardandone con ogni mezzo la marcia. Qualora premuto da forze soverchianti, disimpegnarsi opponendo successive resistenze a cavaliere della litoranea.
Forze a disposizione: tutte quelle oggi presenti a Sirti, compreso l'intero 2° rgt artiglieria celere.
– Pertanto si concentri subito a Tarhuna, unitamente a qualche arma anticarro che il comandante della V Armata riterrà possibile sotrarre ai settori di copertura (Tripoli– Zuara).
– Compito del campo trincerato di Tripoli: mettersi nella massima efficienza possibile, aumentare capacità ricettiva porto e studiare la costituzione di qualche colonna mobile, con solo mezzi di fuoco, per eventuale manovra fuori dal campo trincerato.

Compito dell'aviazione: di vitalissima importanza in queste fasi: tenere sotto continuo controllo i movimenti del nemico sulla litoranea e ritardarne con ogni mezzo la eventuale avanzata.

---

[36] La 132ª Divisione corazzata *Ariete* era giunta in quei giorni a Tripoli come rinforzo.

Il Maresciallo d'Italia ordinò poi di mettere nella massima efficienza il campo trincerato di Tripoli, sia per possibili offese nemiche sia, soprattutto, per aumentare le capacità di sbarco del porto per i rinforzi che dovevano (e sarebbero dovuti arrivare settimane prima) arrivare dall'Italia.

L'11 febbraio Graziani era già in volo per Roma.

Nel corso di due mesi esatti le truppe inglesi, indiane e australiane, non più di due divisioni con una forza complessiva di 31.000 uomini, avevano effettuato un'avanzata per 800 chilometri distrutto un'armata italiana di dieci divisioni, catturato circa 130.000 prigionieri più 850 cannoni, 400 carri e migliaia di autocarri e automezzi vari. Le perdite britanniche furono nel complesso inferiori ai 2.000 uomini: 500 morti, 1.373 feriti e 55 dispersi.

Ma ai britannici non restavano ormai che 40 carri leggeri MK VI/B, qualche autoblinda *Rolls Royce* 1924 e 5 A9-A10 ed i carri catturati agli italiani; vennero utilizzati anche i pezzi da 20/55 e 47/32 catturati. Tutti i *Matilda* erano andati completamente distrutti. Avevano perso anche ogni collegamento con le retrovie.

Un celebre studio su Beda Fomm, qiuello di Kenneth Macsey, la definisce, riprendendo le parole di Wavell, *The Classic Victory*: ma sarebbe stato più esatto definirla una vittoria di Pirro, come si vide meno di un mese dopo.

Il 5 febbraio, il primo giorno della battaglia di Beda Fomm, Hitler aveva scritto a Mussolini per esprimergli la sua preoccupazione per lo svolgimento della campagna in Africa Settentrionale nel suo complesso, offrendo l'aiuto di una divisione corazzata completa, a condizione che gli italiani tenessero duro e non ripiegassero su Tripoli. Cinque giorni dopo Mussolini accettava l'offerta. L'11 febbraio il generale Erwin Rommel arrivava a Roma per ricevere l'assicurazione che la prima linea di difesa in Tripolitania sarebbe stata sulla Sirte. Tre giorni dopo un battaglione tedesco da ricognizione ed un battaglione controcarro della 5. *Leiche-Division* raggiungevano la Libia, mentre già il 25 gennaio aveva iniziato a sbarcare a Tripoli la 132a divisione Corazzata *Ariete*.

Mario Tobino, che pure, dopo essersi riciclato antifascista, fu partigiano nel 1944- 1945 e certo non sospettabile di simpatie per l'alleato, così descrive lo sbarco dei tedeschi a Tripoli e la nuova atmosfera che seguì l'arrivo di Rommel:

Così stavano le cose in quella Tripolitania che non aveva più confini, che da un minuto all'altro aspettava gli inglesi, ai quali subito avrebbe ceduto, quando, mentre i superstiti della Cirenaica raccontavano cose sbalorditive sulla potenza del nemico e sulla nostra debolezza, una notte nel porto di Tripoli si accesero le luci.

Questo fatto della luce nella notte e proprio sul porto, mise a soqquadro i tripolini, poiché era da tutti urlato, per paura dei bombardamenti aerei, di zittire ogni luce, anche la più piccola. Fra l'attonito stupore delle guardie libiche e della maggioranza degli italiani, nel porto illuminato a giorno, i tedeschi cominciarono a sbarcare.

Tutti rimasero in attesa incredula. Erano per arrivare gli inglesi, intanto sbarcavano i tedeschi, e intanto passò la notte, senza che l'ombra di un aereo si presentasse sopra Tripoli. Fino allora le nostre truppe erano sbarcate tra grande confusione e con le facce scure; per sbarcare una divisione ci volevano al minimo tre giorni e nello sbarco si sfaceva sì che ce ne volevano dieci per ritrovarne tutti i pezzi e ricomporla.

La mattina dopo, coi guanti bianchi sopra le mani, sorridenti, sicuri, sbarbati, sopra una numerosissima costruzione d'acciaio, i tedeschi sfilarono per Tripoli.

Fuggiaschi cirenaici e attendisti tripolini li stettero a guardare.

E intanto la maggioranza, che fino a un minuto prima diceva che gli inglesi erano buoni e generosi e nostri amici, ritornò, e di lì a poco rifù, verbalmente fiera.

Poiché questa folla non aveva convinzioni e dignità, e appena luccicava il più forte s'inchinava, non avendo nulla da mantenere e difendere; ed è una particolare attitudine degli italiani a inghiottire saliva davanti alle parate. E si iniziò il secondo periodo della guerra libica[37].

O'Connor ricevette l'ordine di rientrare al Cairo per assumere la carica di comandante in capo delle truppe britanniche in Egitto e su insistenza del Gabinetto di guerra e dei capi di stato maggiore un sottile velo di truppe di copertura venne lasciato a difendere l'immenso territorio conquistato.

Fu la fine della *guerra parallela*.

Ciò che era successo in Cirenaica venne stigmatizzato senza troppi giri di parole da Mussolini in un discorso ai Federali toscani:

Perché il popolo italiano ha sofferto nella prima ritirata dalla Cirenaica molto giustamente, perché si combatté poco, perché ci fu la sorpresa, perché ci furono troppi prigionieri: centoventimila[38].

E fu ancora più netto, un mese dopo, con quelli emiliani, a proposito di Graziani:

Sono perfettamente convinto che se Italo Balbo fosse stato nel dicembre 1940 al comando delle truppe operanti nella Libia, noi non avremmo avuto l'insuccesso che abbiamo dovuto deplorare. Si sarebbe disimpegnato. Comunque, non sarebbe rimasto quattrocento chilometri lontano dalla linea del fuoco, costume che io non deplorerò mai abbastanza e che ha condotto a dei paragoni sgradevoli fra i generali tedeschi e alcuni dei nostri generali [intende Rommel e Graziani, che rimase a Cirene in una tomba romana, ndA]. Questa è la mia convinzione. Convinzione dovuta alla conoscenza di fatti molto precisi che si sono svolti dopo[39].

La sconfitta di Sidi el Barrani e gli avvenimenti seguenti costituiscono la peggiore disfatta della storia militare italiana, proporzionalmente peggiore anche della sconfitta subita a Caporetto il 24 ottobre 1917.

Ma come dopo Caporetto, la guerra non era finita.

---

[37]Tobino 2011, p. 77.

[38] Mussolini, discorso ai Segretari Federali della Toscana, otto febbraio 1942.

[39] Mussolini, discorso ai Segretari Federali dell'Emilia, 28 marzo 1942.

CONCLUSIONI.

Dopo l'entrata in guerra italiana, le forze presenti in Libia dovevano fronteggiare la minaccia francese e quella britannica: in Cirenaica, truppe inglesi avevano occupato alcuni presidi italiani al confine con l'Egitto. La situazione migliorò notevolmente quando la Francia chiese l'armistizio alla Germania, e successivamente all'Italia. Le truppe francesi in Tunisia vennero congedate.

Era la fine del giugno 1940: il Governatore della Libia era il Maresciallo dell'Aria Italo Balbo. A seguito di uno sfortunato incidente aviatorio, Balbo perì, colpito da *friendly fire* nel cielo di Tobruk il 28 giugno. Al suo posto venne messo a capo della colonia libica il Maresciallo d'Italia Rodolfo Graziani, Capo di Stato Maggiore dell'Esercito, militare di fama internazionale ed esperto colonialista. Appena arrivato nel palazzo del governo a Tripoli trovò l'ordine indirizzato al compianto Balbo, di attaccare l'Egitto entro il quindici luglio, Graziani. il quale non aveva avuto la possibilità prima della partenza di parlare con Badoglio e Mussolini, da quel momento incominciò lo scambio di telegrammi, missive, e battute fra Graziani, Badoglio, ed il Duce, che si protrassero per mesi fino al fatidico e categorico ordine di attacco impartito da Mussolini esclusivamente per motivi politici, in vista dell'invasione tedesca delle isole britanniche data per imminente da Berlino.

Graziani era contrario ad un'avanzata nel deserto libico senza una adeguata preparazione: la guerra nel deserto non era una guerra tradizionale combattuta in territorio europeo, ma comportava sforzi logistici enormi. Le divisioni italiane erano mal equipaggiate, non disponevano di sufficienti armi controcarro e antiaerei ed erano truppe con scarsa mobilità, poiché avevano pochi automezzi, e come Graziani ben sapeva dai tempi della conquista di Cufra e della campagna d'Etiopia, nel deserto la mobilità era fondamentale.

Le truppe, appiedate, erano senza speranze: e il numero degli uomini, in questo caso, era un peso e non un vantaggio. Nei mesi precedenti all'offensiva, Graziani non ottenendo risultati cercò di scavalcare la scala gerarchica rivolgendosi direttamente al Duce stesso e a Galeazzo Ciano; all'inizio di settembre Mussolini, innervosito dalle pressanti richieste di rinforzi del Maresciallo d'Italia, si assunse tutta la responsabilità dell'impresa. Graziani obbedì ed invase l'Egitto. Dall'Italia non erano giunti rinforzi sufficienti in armi, artiglierie, automezzi e carri armati efficienti, perciò il Graziani fece il possibile ovviando al problema logistico, trasportando tutte le artiglierie della 5a Armata. dislocata sul confine tunisino alla 10a schierata in Cirenaica). Così anche per i carri armati. I battaglioni di carri erano composti da carri leggeri da tre tonnellate, armati solo da mitragliatrici con scarsa autonomia; i carri medi erano all'altezza, gli M13/40, arrivati in un secondo tempo erano i migliori sul fronte africano, ma impiegati non a massa in formazioni adeguate ma solo come supporto alla fanteria in piccoli gruppi.

La *guerra di rapido corso* degli italiani in Spagna, che tanti successi aveva garantiti a Malaga, in Biscaglia, e soprattutto in Aragona e Catalogna, sembrò esser stata semplicemente dimenticata, malgrado la presenza di Berti, che pure aveva comandato il Corpo Truppe Volontarie, e di Bergonzoli.

Ciò che rende tutto ancora più incredibile è che il vero ideatore della *guerra di rapido corso* ò era stato il generale Rodolfo Graziani, vero fautore della meccanizzazione delle operazioni militari in ambiente desertico, con la riconquista di Cufra, e, soprattutto, con la campagna del fronte sud durante il conflitto italo-etiopico del 1935- 1936, nella quale Bergonzoli e Maletti ebbero un ruolo importante come comandanti di colonna motorizzata. Vale dunque la pena di riassumere le operazioni sul fronte somalo, dove le distanze, nel deserto dell'Ogaden, erano di centinaia di chilometri.

Nella battaglia del Ganale Doria del gennaio 1936 Graziani suddivise le proprie truppe in tre gruppi, al comando dei generali Maletti, Frusci e Bergonzoli, formanti tre colonne.

Quella di centro, comandata dal generale A. Bergonzoli, era quasi totalmente autocarrata, con carri veloci, autoblindo e le mitragliatrici montate su camion dei *Lancieri di Aosta*.

Il 19 gennaio i gruppi celeri *Aosta* e *Genova* entrarono a Neghelli, obiettivo dell'offensiva, a 380 km di distanza dalle basi di partenza.

Infine ad aprile, mentre Badoglio incalzava lo sconfitto Haile Selassie, sul fronte somalo Graziani il 14 del mese iniziò l'offensiva su Harar, distante cinquecento chilometri.

Le truppe di Graziani, interamente motorizzate, erano composte da 38000 uomini di cui 15600 italiani. La prima colonna, al comando del generale Nasi, era la più forte e comprendeva anche il raggruppamento celere comandato dal Console generale della M.V.S.N. Francesco Navarra Viggiani; aveva lo scopo di attaccare il fianco sinistro di ras Nasibù, arroccato su linee difensive di tipo moderno, che erano state ideate da Wehib Pasha, uno dei difensori di Gallipoli nel 1915: colui che aveva inchiodato, ed alla fine costretto al reimbarco francesi, inglesi ed australiani con le proprie fortificazioni, salvando- almeno temporaneamente- Costantinopoli e l'Impero Ottomano, e che conosceva gli italiani sin dalla guerra di Libia.

Nasibù disponeva di forze pari numericamente a quelle italiane, per di più ben armate con cannoncini anticarro e mitragliatrici.

La colonna di centro (gen. Luigi Frusci) era formata dalla 221a Legione del console Parini, da sette battaglioni coloniali, due compagnie di carri veloci e due gruppi bande ed aveva come obiettivo Dagabur; la colonna di destra (Luogotenente generale della Milizia Forestale Augusto Agostini) formata da Carabinieri, Finanzieri, Camicie Nere ed artiglieria avrebbe attaccato la destra avversaria.

Il generale Graziani tenne poi a disposizione una riserva motocorazzata.

Le truppe etiopiche avanzarono su Badu Danan, ma Graziani non andò ad ingaggiarle, proseguendo la spinta verso Dagabur, penetrando in avanti grazie alla superiore velocità, ponendosi alle spalle dell'intera linea di Nasibù.

Su Dagabur convergevano le colonne di Frusci e di Agostini, ed a questo punto, combinandosi i movimenti opposti di Nasibù e Wehib verso sud e di Graziani verso nord, Il comando italiano si rese conto di poter tagliar fuori tutta la parte centrale e parte dell'ala sinistra dell'intera armata di ras Nasibù.

Gli scontri furono talmente duri che venne costituita un'ulteriore colonna al comando del generale Vernet.

Tra il 15 ed il 18 aprile le truppe di Nasibù si scontrarono a Gianagabò con la *Libia*. Gli scontri furono feroci: i libici avvolsero gli etiopici, e persero mille uomini all'incirca, gli etiopi duemila. Questa volta le parti erano invertite, e furono gli ascari libici a mutilare i cadaveri degli abissini.

I reparti di Nasibù, disfatti si dispersero nella savana, inseguiti dai libici; altri, più fortunati, aiutati dall'arrivo delle violente piogge monsoniche, che procurarono l'acqua, fuggirono verso le alture di Chercher, ad ovest di Harar.

Dal 14 al 30 aprile la colonna Frusci partecipò alla battaglia dell'Ogaden lungo la direttrice Gorrahei- Gabredarre- Sassanabeh- Dagabur, con un'avanzata di 216 chilometri.

La colonna Frusci venne impegnata duramente il 24 aprile, e la 221a Legione ebbe il battesimo del fuoco ad Hamanlei, che venne conquistata nella serata.

La colonna Agostini, a destra della colonna Frusci, avanzò lungo la direttrice Gherlogubi- Afdub- Uarder- Ado- Curati- Bullaleh- Dagabur, per 260 chilometri.

Il 24 aprile la colonna attaccò le linee fortificate di Gunu Gadu, create da Wehib Pasha, uno dei difensori di Gallipoli nel 1915; si distinsero in particolare la Milizia forestali, Dubat e Carabinieri, affiancati dai CV33 in versione lanciafiamme.

Il cinque maggio, ostacolate solo dalle fortissime piogge, le colonne autocarrate presero Giggiga, ed infine l'otto Graziani prese Harar dove, come annunciava un telegramma del Duce, *lo aspettava il bastone di Maresciallo*[40].

Inoltre nel 1939 si erano tenute le manovre dell'Armata del Po, comandata dallo stesso Graziani, che aveva visto l'utilizzo sul campo delle prime divisioni corazzate italiane, la 131ª *Centauro* e la 132ª *Ariete*, e sancito l'obsolescenza dei CV33 e 35.

ma le divisioni corazzate rimasero in Italia, schierate prima sul confine francese, poi su quello jugoslavo.

Come scrive il maggiore statunitense Howard R. Christie nel suo studio sulla 10a Armata, tesi per il *Master* di *Military Art and Science* presso l' U.S. *Army Command and General Staff College* di Fort Leavenwhort[41],

Fascist Italy had decided on a new operational doctrine, utilized and tested in the army maneuvers of 1939, which was meant to achieve their strategic goals. This new doctrine of the War of Rapid Decision 24 gave mechanization and the armored forces the pivotal role on the future battlefield. Italy was prepared to fight her enemies with these new forces in northern Italy and to a lesser extent in her colonial possessions. First priority of forces went to the theater of operation that posed the greatest threat to the Italian Empire. In the eighteen months before Italy's entry into World War II, Italy tried to implement the doctrine of the War of Rapid Decision.

Italy, a noncombatant during the fall of 1939 and the spring of 1940 *was intellectually better prepared than most countries that entered World War II*[42].

---

[40] P. Romeo di Colloredo, *I Pilastri del romano impero. Le Camicie Nere in Africa Orientale*, Genova 2009, passim.

[41] Corrispondente alla Scuola di Guerra italiana.

[42] Il corsivo è nostro, ndA.

This was based on the newly developed doctrine that had evolved in the course of the 1930s and her combat experiences.

Fascist Italy had the resources and material to attain one strategic goal if it committed its main effort to achieving this goal. An area in which they had a tremendous amount of power and the ability to influence this was in the colony of Italian Libya in North Africa[43].

Nonostante ciò Graziani avanzò in territorio egiziano e conquistò Sidi el Barrani, località ad un centinaio di chilometri da Bardia. Gli inglesi cercarono di contrastare l'avanzata italiana solo con le loro retroguardie e si ritirarono nel campo trincerato di Marsa Matruh.

L'occupazione di Sidi el Barrani fu un errore dal punto di vista sia tattico che strategico: le perdite inflitte agli inglesi furono insignificanti [44], le linee di rifornimento del Regio Esercito si prolungarono in territorio ostile ed inospitale; fu subito chiaro come fosse impossibile proseguire nell'avanzata su Marsa Matruh. Raggiunto l'obiettivo, Graziani si affrettò a comunicare al Comando Supremo che l'occupazione di Sidi el Barrani era al momento, il limite massimo dell'invasione italiana, e che al momento Marsa Matruh era da considerarsi irraggiungibile senza adeguati rinforzi. Neill'autunno del 1940 le truppe italiane costruirono a tempo di record una strada bitumata ed un acquedotto da Bardia–Sollum fino a Sidi el Barrani, opere diventate necessarie, poiché durante i combattimenti di retroguardia, gli inglesi avevano inquinato i pozzi e distrutto l'unica strada esistente. La situazione tattica era a favore degli inglesi, le truppe italiane non erano mobili e si erano collocate in difesa nel deserto, in un territorio sfavorevole.

Inoltre le armi controcarro italiane erano scarsissime e per di più antiquate. Graziani, comprendendo la situazione delicata delle truppe, conoscendo le numerose forze nemiche, cercò per più volte di chiedere automezzi e mezzi corazzati all'Italia per poter affrontare il nemico in battaglia, ma l'invasione della Grecia il 28 ottobre 1940 fece sì che utte le risorse italiane venissero destinate a questa campagna. Le risorse industriali italiane furono messe a disposizione della campagna di Grecia, che aveva rivelato da subito necessità di uomini e materiali. In Libia la situazione era senza ombra di dubbio gravissima. Graziani propose a Badoglio e a Mussolini di costituire in Libia una forza corazzata, anche scarsa di numero, che potesse manovrare con soddisfacenti risultati contro il nemico, che era munito di oltre 400 carri armati medi e leggeri.

Lo Stato Maggiore Generale germanico, osservando le oggettive difficoltà italiane in Africa Settentrionale, pensò di aiutare l'alleato proponendo l'invio di truppe specializzate. Hitler fece al Duce tale proposta durante il colloquio del Brennero del quattro ottobre 1940; il rifiutare l'aiuto germanico di mezzi corazzati che fu in tale occasione offerto all'Italia dal Führer fu un errore gravissimo. Ma Mussolini non voleva l'aiuto tedesco, che avrebbe posto fine alla *guerra parallela* che il Duce intendeva combattere senza interferenze da parte della Germa-

---

[43]H. R. Christie, *Fallen Eagles: the Italian 10th Army in the opening campaign in the western desert, June 1940 - December 1940,* U.S. Army Command and General Staff College, Fort Leavenworth 1999,p. 25.

[44] I britannici subirono le seguenti perdite:40 morti, 11autoblindo distrutte, 10 carri armati leggeri distrutti, 11 carri leggeri danneggiati, 4 autocarri distrutti, 12 autocarri danneggiati; gli italiani ebbero 120 morti e 240 feriti.

nia. La Libia venne così praticamente abbandonata a sé stessa, e nel dicembre 1940- febbraio 1941 le truppe italiane vennero schiacciate dalla superiorità tecnica e dottrinaria avversaria durante l'operazione *Compass*.

Nella zona tra Sollum e Sidi el Barrani, Graziani disponeva di poche divisioni binarie appiedate, corrispondenti a brigate britanniche e mezzi anticarro praticamente inesistenti; mentre le forze inglesi contavano di una divisione corazzata rinforzata da molti reggimenti mobili, dotati di artiglierie moderne e di autoblindo, cui con i rinforzi si sarebbero aggiunte unità scelte come la 6th *Australian Division*. La 10a Armata era gravemente carente: disperdeva le sue cospicue forze a difesa delle posizioni conquistate a Sidi Barrani, in postazioni trincerate, molto separate e non collegate tatticamente tra loro; in mancanza di riserve corazzate, questa disposizione esponeva le truppe italiane al rischio di essere aggirate, distrutte a gruppi, da un nemico indubbiamente più mobile e meccanizzato.

Graziani, in verità, non mancò di evidenziare ripetutamente le manchevolezze dello schieramento della 10a Armata, senza però avere i mezzi materiali per risolvere la situazione. La posizione di Sidi el Barrani doveva essere una posizione temporanea in vista dell'avanzata su Marsa Matruh e su Alessandria, una località di attesa di rifornimenti italiani che potevano dare la spinta decisiva all'avanzata in Egitto fino al Canale di Suez ed al Delta.

Dopo mesi di attesa per l'arrivo dei rifornimenti in loco, le truppe erano scoraggiate. L'azione difensiva nel deserto operata dalle truppe italiane senza mezzi aveva scarsa possibilità di successo contro un nemico tecnicamente superiori. L'unica soluzione per evitare il disastro che avrebbe incontrato la 10a Armata poteva essere quello di un ripiegamento da Sidi el Barrani al promontorio di Sollum, ripiegamento che era tuttavia impossibile sia per motivi di prestigio sia perché le divisioni italiane che avessero attuato un ripiegamento a piedi sarebbero state investite dalle forze corazzate nemiche. Se le truppe di Graziani avessero avuto gli autocarri e i carri armati a Sidi–el–Barrani non avrebbero utilizzato questi mezzi per un ripiegamento, bensì per l'offensiva con meta Alessandria d'Egitto. La causa della disfatta italiana a Sidi el Barrani è dunque da ricercarsi nell'invasione italiana dell'Egitto nel settembre 1940, sommata ai mancati rifornimenti dati dalla Madrepatria alla 10a Armata.

Se il Duce non avesse dato l'ordine di attaccare l'Egitto, per motivi politici, Graziani senza aver ricevuti i rinforzi che chiedeva, non si sarebbe mai mosso dalla frontiera cirenaica.

L'*Operazione E* venne condotta, come era successo per la Grecia, con improvvisazione e totale sottovalutazione del nemico. Fu una sconfitta che non si tramutò in disastro tatale, grazie all'aiuto, anche se accettato troppo tardivamente, da parte della Germania di Hitler, che intervenne nella seconda decade del febbraio 1941, inizialmente in modo limitato alla 5. *Leiche-Division* ed alla 15.*Panzer-Division*- con le proprie forze corazzate in Marmarica. La campagna di Sidi el Barrani e la successiva ritirata restano, dunque, fatti d'armi solamente italiani, il sigillo tombale sulla *guerra parallela*.

La conquista di Alessandria d'Egitto e l'occupazione del Delta avrebbe rappresentato infatti il blocco al traffico mercantile e militare britannico ed il libero accesso all'Africa Orientale Italiana: una condotta della guerra che derivava da una visione coloniale dunque; ma Suez ed Alessandria erano un obiettivi impossibili da raggiungere senza le forze corazzate e motorizzate che potevano infrangere la munita difesa britannica che stava aspettando il nemico a Marsa Matruh.

L'aver dovuto attendere tre mesi i rifornimenti, distratti dall'emergenza del fronte greco- albanese, non servì a raggiungere l'obiettivo; la posizione avanzata di Sidi el Barrani, località senza appigli di difesa nel terreno, fu travolta dalle forti colonne moto–corazzate inglesi. Nel giro di due mesi la 10a Armata italiana venne completamente distrutta, e il prestigio militare italiano definitivamente compromesso agli occhi della propaganda alleata.

Per Christie il motivo della sconfitta italiana fu soprattutto uno: non aver seguito la dottrina della *guerra di rapido corso* che gli italiani - e Graziani!- avevano adottato sin dalla campagna contro gli Etiopici in Somalia nel 1936, sviluppata in Spagna e nel corso delle manovre dell'Armata del Po nel 1939, armata il cui comandante era proprio il Maresciallo Graziani!

Se gli italiani avessero applicato la loro dottrina tattica secondo il militare statunitense, i britannici sarebbero stati sconfitti; la colpa principale della sconfitta dunque ricade su Graziani, il quale, oltre a comandare dalle retrovie ed attaccare l'Egitto cedendo alle pressioni di Roma (ma avrebbe potuto opporsi a Mussolini?) non utilizzò la dottrina tattica che lui stesso aveva contribuito a far nascere, che ben conosceva e che se ben utilizzata avrebbe portato al successo:

None of the problems facing the Italian Army in Libya were insurmountable. The British position in Egypt was precarious at best. All the Italian Army had to do was act and they would have forced the British back to the Nile River or defeated them soundly. The key factor for the Italian Army was in its senior leader. The supreme commander, Marshal Graziani, had utilized and showed a direct understanding of the new form of mechanized warfare in an earlier conflict but failed to employ it in his invasion of Egypt. As leader of the Italian forces he was the one individual that could have chosen to utilize the proper force and doctrine for the Italian army to be successful in its goals. Marshal Graziani had last fought a European enemy in World War One. His rise to general officer and subsequent claims to victory were against Libyans and Ethiopians. He proved to be timid in fighting against an European enemy that had the capability in defeating him versus an enemy that only had the ability in delaying him. This may have inhibited his ability to make bold and aggressive plans. Marshal Graziani's ability to command such a large organization may be the key to his defeat. He commanded from the rear and was not a front line commander. Being in the rear caused delays in receiving information from the forward-deployed units and those in contact. Marshal Graziani would make decisions based on old and inaccurate information. He would also send orders directly to units, bypassing layers of command. This caused great confusion on the battlefield. It violated the principle of war know as Unity of Command. Marshal Graziani failed to implement a plan that would assure success and the plan he did implement, he did not pursue with a sense of urgency or aggressiveness. He had the experience, doctrine and available forces to defeat an enemy whose position was tenuous at best. Ultimately all responsibility for success or failure rests with the commander[45].

Inoltre, *last but not least*, Graziani di fronte non aveva solo Wavell- il quale se ne restava all'hotel Shepheard del Cairo, dove aveva il proprio Quartier Generale, a ben vedere ben più distante dal fronte (e comodo!) dalla tomba greca di Cirene

---

[45]Ibid., pp. 63-64.

utilizzata da Graziani e su cui si fece tanta ironia, a partire da Mussolini stesso[46]- ma soprattutto un generale innovativo, caparbio e tenace come O'Connor, uno dei pochi ufficiali britannici ad aver studiato E meditate le teorie sull'uso dei corazzati e sulla guerra moderna di Fuller e di Liddle Hart, alla testa di meno uomini, ma soldati professionisti e ottimamente addestrati, e non di leva come la massima parte degli italiani: quando verrà introdotta la leva anche nel Regno Unito non vi sarà più una tale differenza, e spesso gli italiani avranno successo contro i britannici.

In più, la tempra di Graziani non era più, l'abbiamo detto, quella di prima dell'attentato del 1937 ad Addis Abeba, e il Maresciallo era conscio della propria inferiorità tecnica al punto di coordinare malissimo. o di non coordinare affatto, la ritirata e la difesa della Cirenaica: ironicamente con un Gott od un Montgomery i risultati sarebbero stati ben più positivi, ma con O'Connor e la sua abilità strategica ciò si rivelò suicida. Altro aspetto trascurato è come troppi reparti tendessero ad arrendersi facilmente senza impegnarsi in combattimento: ciò come visto non avvenne per la Milizia, che fu la più tenace nel difendersi, fatto sempre volutamente trascurato dalla storiografia postbellica- né per i reparti con maggiore selezione, spirito di corpo ed addestramento, carristi, bersaglieri e anche i paracadutisti libici del btg. *Fanti dell'Aria* del tenente colonnello Tonini.

Il fattore morale non deve essere sottovalutato: grave colpa dei comandiitaliani fu il non aver saputo ispirare fiducia in sé stessi ai reparti durante la ritirata- cosa che riuscirà poi a Rommel con eccellenti risultati- che invece subirono un vero e proprio senso di inferiorità verso il nemico, considerato inarrestabile; al proposito, si legge nel telegramma sulle operazioni in Libia inviato da Wavell ed allegato al documento W.P. (41) 32 stilato dal *War Cabinet* britannico il 16 febbraio 1941[47], ricordando come all'apparire dei mezzi corazzati britannici si diffondesse insicurezza se non vero e proprio panico tra i reparti in ritirata, i quali tendevano a fermarsi ed a porsi sulla difensiva anziché cercare di sfondare (ma a Beda Fomm era andata diversamente!):

In early days units of armoured division penetrated and temporarily cleared tracts of hostile territory running into thousands of square miles. Gradually they were pressed back by establishment successive defended localities by forces numerically superior as ten to one employing artillery twenty or thirty to one. Result, this extraordinary moral ascendency evident every stage of operations leading to capture Benghazi. If British armoured units even in small number- appeared to threaten line of retreat, first Italian impulse was to hesitate and then assume defensive instead of trying to break through. Using different methods of surprise bold use of numerically inferior forces worked time after time[48].

---

46. *A Mussolini, che aveva criticato questa scelta,* [Graziani] *rispondeva che «le tombe greche potevano anche servire giustamente da rifugio antiaereo, e per meglio dormire qualche volta allo scopo di ritemprare le forze che mi erano necessarie per sostenere la titanica fatica impostami»* (Del Boca 2006, p.75).

47War Cabinet, *Operations in Libya*, 16, Febrary 1941 W.P. (41) 32. Il documento è riportato in appendice.

48http://filestore.nationalarchives.gov.uk/pdfs/small/cab-66-15-wp-41-32-5.pdf

Scrive a questo proposito Latimer nel suo *Operation Compass. Wavell's Whirl-wind Offensive*, che, al di là della propaganda alleata, gli italiani erano coraggiosi, ma ciò che mancava loro era il morale collettivo:

The Italians were far from the cowards protrayed in Allied press (very much a devise from home comsuption) and proved consistently that they did not lack individual courage. Innumerable examples are testament to their individual bravery. What they lacked was collective morale, which, given the deficiences of their military machine was hardly surprising (...)[49]

E ancora Wavell sottolineava la qualità del materiale britannico rispetto quello italiano, più per motivi legati alle forniture belliche che altro, si inclinerebbe a pensare, data la gravissima usura subita dai mezzi britannici al termine di *Compass* ridotti a soli 40 carri MK VI/B, oltre a quelli catturati agli italiani:

For nearly eight months armoured division has been employed without rest. Vehicles which had already withstood strain protracted operations in worst possible conditions sand and heat were able in last dash to make final and protracted burst which completely surprised enemy. Weight for class Italian tanks, many of them newly delivered from manufacturers, proved no match for British products[50].

Quanto di propagandistico ci fosse in tali considerazioni lo avrebbero provato gli avvenimenti successivi con gli *exploits* dell'Armata Corazzata Italo- Tedesca, o *Panzerarmee Afrika*, che avrebbero ridimensionato le smargiassate di Wavell del 1941 come era accaduto con quelle italiane dell'estate del 1940.

---

[49] Latimer, Laurier 2000, p.93.
[50]. War Cabinet, *Operations...*, loc. cit.

"DOVE POTREMO VINCERE L'INGHILTERRA, L'INGHILTERRA SARA' VINTA"
ADOLF HITLER, 30 GENNAIO 1941.
(DISEGNO DI KURT CAESAR,
LA DIDASCALIA E' QUELLA ORIGINALE TEDESCA).
(COLLEZIONE DELL'AUTORE).

CRONOLOGIA

1940

10 giugno.
Il Regno d'Italia dichiara guerra alla francia ed al regno Unito.

11 giugno.
Primo attacco aereo italiano su Malta.

24 giugno.
Armistizio tra Italia e Francia a Villa Incisa all'Olgiata (Roma). Smantellamento della linea del Mareth.

28 giugno.
Abbattimento di Italo Balbo a Tobruk. Viene sostituito da Rodolfo Graziani.

9 luglio.
Battaglia navale di Punta Stilo.

3 agosto.
Gli italiani invadono la Somalia Britannica.

19 agosto.
i britannici abbandonano la Somalia Britannica.

13 settembre.
Inizia l'invasione italiana dell'Egitto (*Operazione E*); conquista di Sollum.

16 settembre.
Occupazione di Sidi el Barrani.

17 settembre.
Dopo la sconfitta nella Battaglia d'inghilterra l'operazione *Seelöwe* viene abbandonata.

4 ottobre.
Incontro tra Mussolini e Hitler al Brennero. Mussolini declina l'offerta di truppe tedesche per l'Africa settentrionale.

28 ottobre.
L'Italia invade la Grecia.

11-12 novembre.
Raid aereo britannico su Taranto (operazione *Judgement*). Danneggiate le navi da battaglia *Littorio* e *Caio Duilio*, gravemente la *Cavour*.

9 dicembre.
Inizio dell'operazione *Compass*. Maletti cade in combattimento.

10 dicembre.
Caduta di Sidi el Barrani.

11 dicembre.
La 7th *Armoured Division* cattura Buq Buq.

17 dicembre.
I britannici riconquistano Sollum.

24 dicembre.
La 6th *Australian Division* investe la piazzaforte di Bardia.

1941

3-5 gennaio.
Battaglia di Bardia.

21- 22 gennaio
Gli australiani assediano e catturano Tobruk.

23 gennaio.
La divisione Sabratha ed i *Fanti dell'Aria* bloccano la 6th *Australian Division* a Derna.

24 gennaio.
Battaglia di el Mechili.
Lo stesso giorno sbarcano a Tripoli le prime unità della 132a divisione corazzata *Ariete*.

28 gennaio.
Gli italiani si sganciano dalla linea di Derna; la 10a Armata inizia il ripiegamento lungo la via Balbia.

5 febbraio.
La 7th *Arm. Div.* pone blocchi stradali sulla via Balbia all'altezza di Beda Fomm.

6 febbraio.
Occupazione britannica di Bengasi.

6- 7 febbraio.
Battaglia di Beda Fomm.
Il generale Tellera cade in combattimento; resa dei resti della 10a Armata.

8 febbraio.
Graziani chiede di essere rimpatriato; lo sostituisce Italo Gariboldi.

10 febbraio.
Mussolini accetta l'aiuto tedesco in Libia.

11 febbraio.
Graziani rientra in Italia; il *Generallutnant* Erwin Rommel giunge a Roma.

12 febbraio.
Rommel a Tripoli.

14 febbraio.
Le prime unità tedesche del *Deutsches Afrika Korps* giungono a Tripoli.

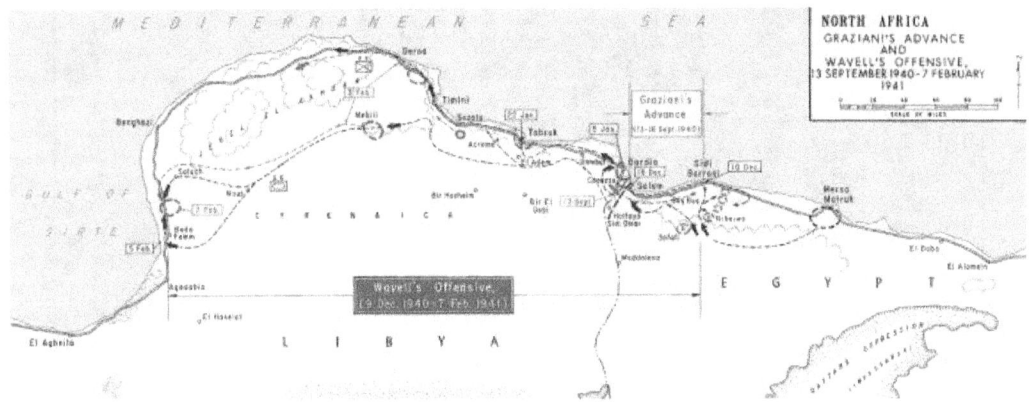

il teatro operativo dell'Africa Settentrionale, 1940- 1941.

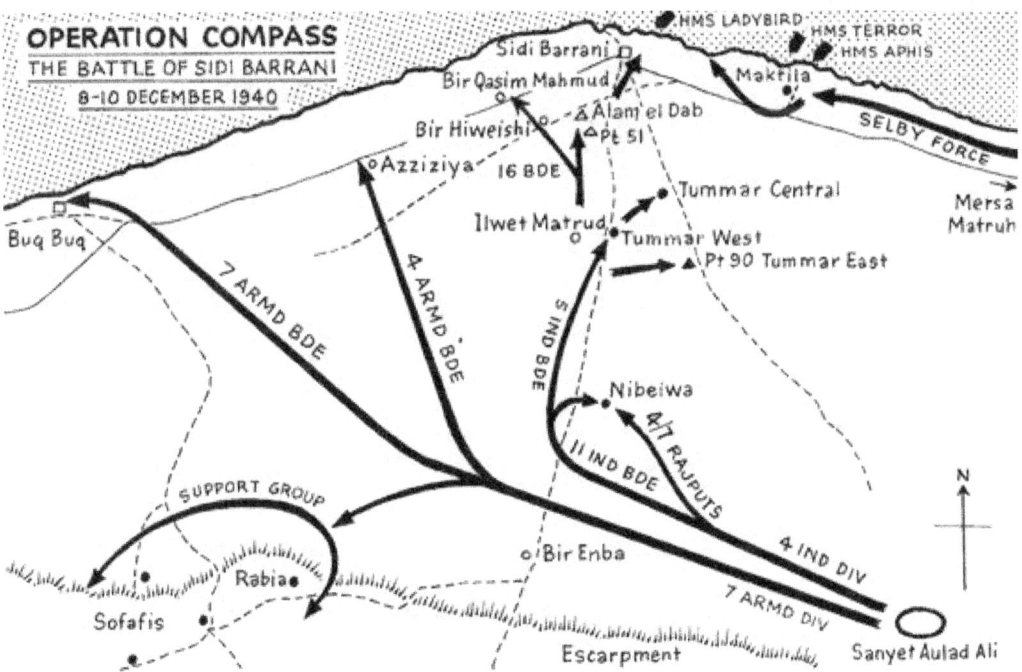

Operation Compass. La battaglia di Sidi el Barrani, 8-10 dicembre 1940 in una cartina britannica dell'epoca.

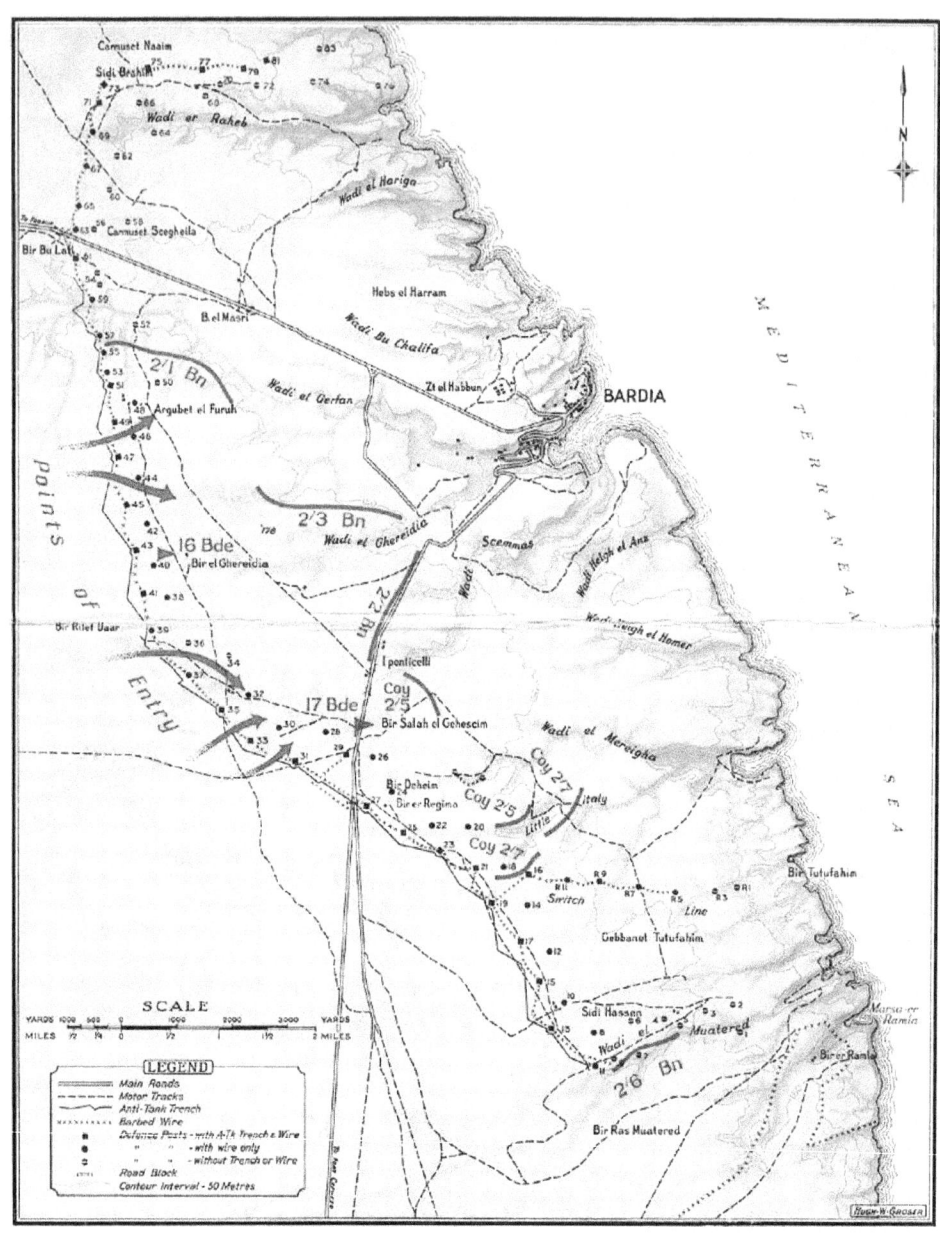

Bardia, situazione al 3 gennaio 1941.

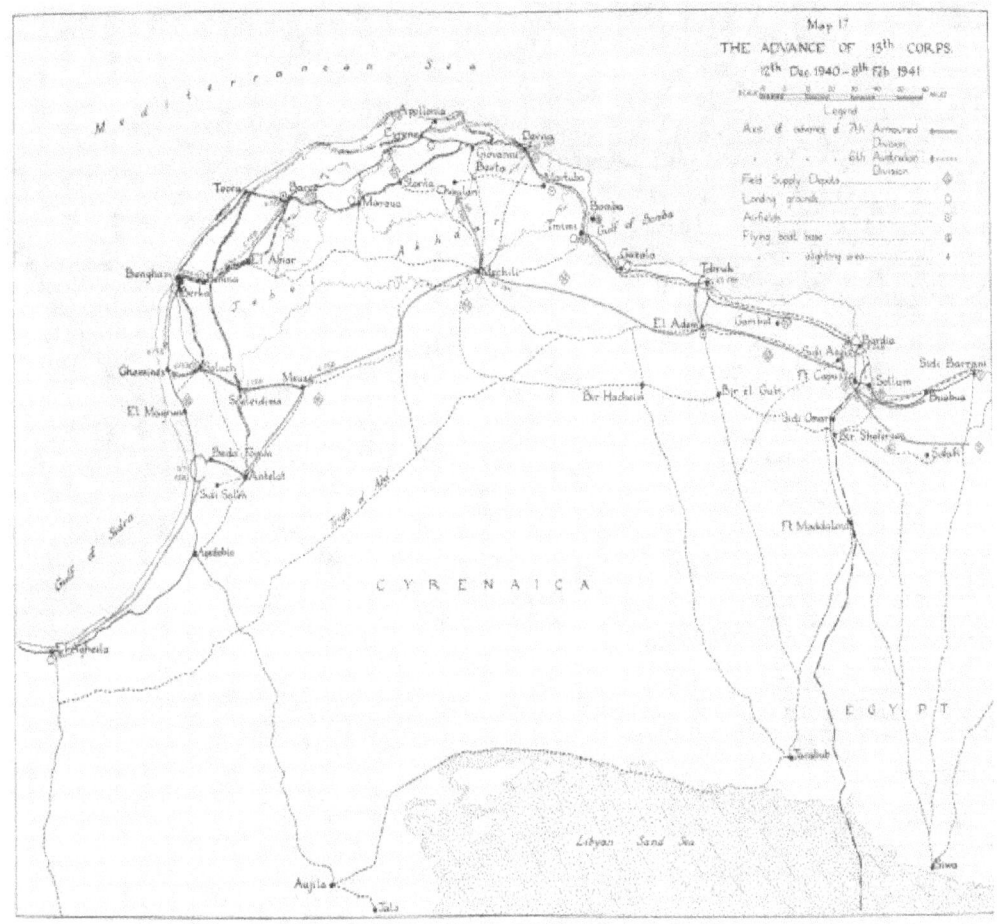

L'invasione della Cirenaica in una cartina britannica dell'epoca.

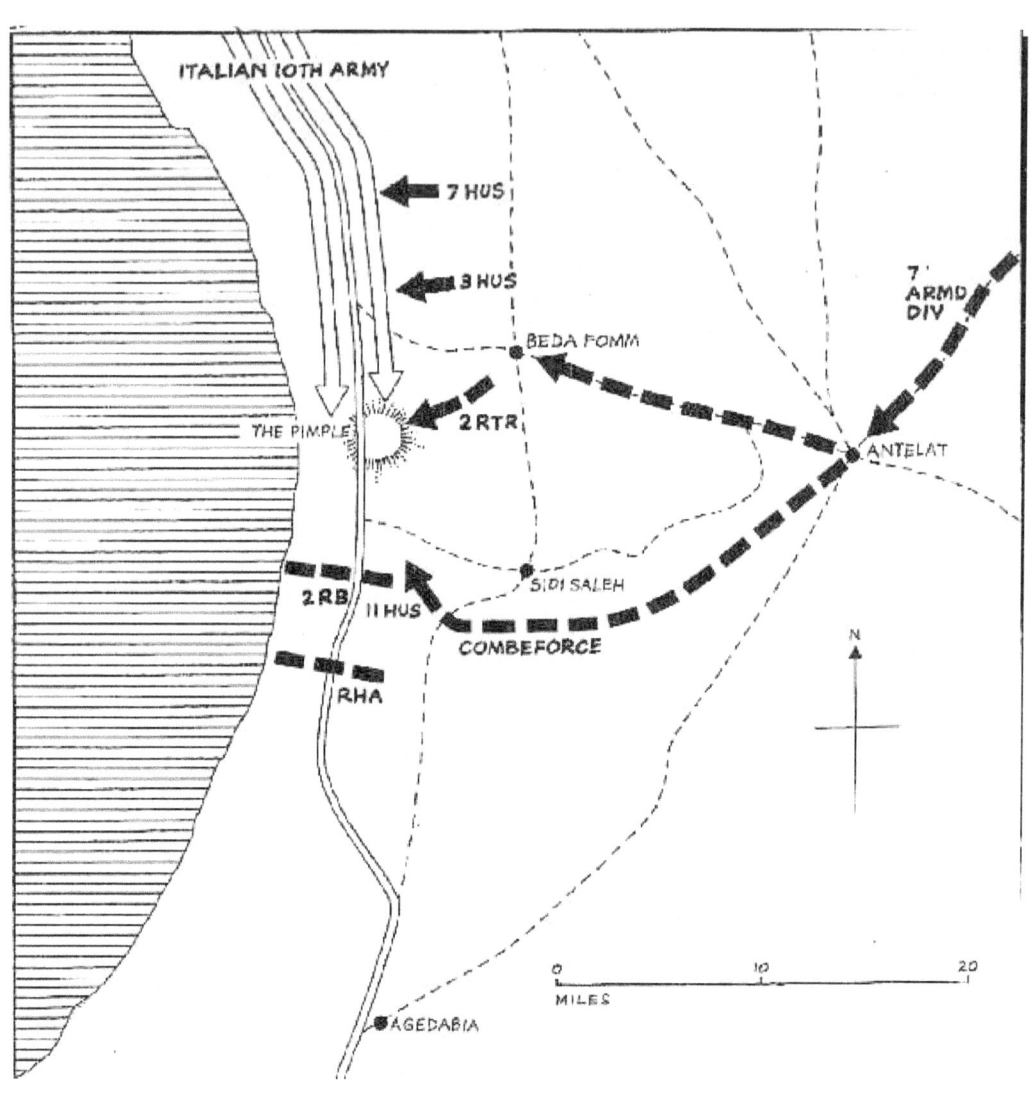

Battaglia di Beda Fomm, 5- 7 febbraio 1941.

Giugno 1940 Il Maresciallo dell'Aria Italo Balbo ispeziona un' autoblinda Morris CS9 da lui stesso catturata.

Paracadutisti libici del btg *Fanti dell'Aria* a Castel Benito, 1940.

Tripoli, 3 luglio 1940. Il funerale di Italo Balbo, abbattuto a Tobruk il 28 giugno.

Autoblindo Rolls-Royce in Cirenaica 1940 davanti al reticolato sul confine libi-
co- egiziano.

Il Maresciallo d'Italia Rodolfo Graziani che sostituì Italo Balbo dopo l'abbattimento del Quadrumviro.

Un mezzo del *Long Range Desert Group*.

Archibald Wavell in divisa da feldmaresciallo.

Richard O'Connor.

Savoia Marchetti SM 79 *Sparviero* su un campo di aviazione in Libia, agosto 1940

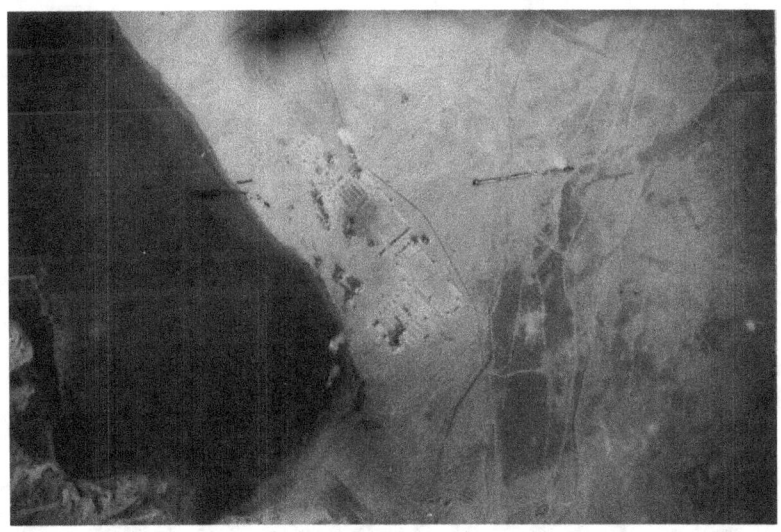

Bombardamento italiano sulle posizioni britanniche durante l'offensiva di Graziani, settembre 1940.

Camicie Nere della *3 Gennaio* su un autocarro armato nel deserto egiziano nel settembre 194

Carri CV33 in avanzata. In primo piano un carro comando, riconoscibile dall'antenna radio.

CV35 lanciafiamme presso Sollum, 1940.

Camicie Nere addette ad un pezzo da 47/32 a Sidi el Barrani.

Camicie Nere della 4a divisione *3 Gennaio* con un cannone anticarro da 47/32 nel settembre 1940.

un automezzo italiano nel deserto a sud di Sidi el Barrani.

Carri M 11/39 della colonna Maletti a Sidi El Barrani

Carri M 11/39 presso Sidi el Barrani.

Carri M 11/39 in avanzata nel deserto egiziano.

Pezzi da 90/53 in batteria.

Distribuzione dell'acqua alle Camicie Nere, settembre 1940

Zaptiè libici a Sawani el Khur, 1940.
Gli *zaptiè* erano i componenti libici dell'Arma dei Carabinieri. Si notino le stellette sugli alamari, portate dopo la concessione della cittadinanza italiana ai libici nel 1939.

Postazione di artiglieria antiaerea italiana, autunno 1940.

Due ufficiali della Regia Aeronautica durante l'allestimento di un campo avanzato nel deserto egiziano, settembre1940.

Cruiser Tank Mk I, Egitto1940

Matilda del 7th *Royal Tank Regiment* , 19 dicembre1940

Un *Bren Carrier* vicino ad una pietra miliare lungo la strada militare costruita a Sidi el Barrani dagli italiani.

Mk VI britannici nel deserto, 1940

Due carristi britannici della 7th *Armoured* in una pausa leggono un giornale italiano.

Un pezzo da 5-*Pounder* Mark II della 1st *Battery*, A *Troop*, *Australian* 21st Field *Artillery Regiment* bombarda Bardia, 29 Dicembre 1940.

3 gennaio 1941. Truppe australiane in avanzata verso Bardia.

Bren carrier australiano in azione il 7 gennaio 1941.

Camicie Nere catturate dai britannici a Bardia, gennaio 1941.

La *San Giorgio* in fiamme dopo essersi autoaffondata nel porto di Tobruk, 22 gennaio 1941

Carri M11 /39 catturati dagli australiani in Cirenaica.

Un carrista australiano dipinge il Canguro sulla torretta di un M13/40 catturato in
Cirenaica

Un carrista britannico ispeziona un CV33 catturato.

O'Connor ed altri ufficiali superiori vicino a due carri M13/40 italiani messi fuori combattimento a Beda Fomm

Il Comandante del XXIII Corpo d'Armata, Annibale Bergonzoli, catturato dai britannici a Beda Fomm. Bergonzoli si era guadagnato il soprannome di *Barba Elettrica* nel marzo 1937 a Guadalajara, dove comandava la divisione *Littorio*, battendosi alla baionetta in prima linea contro i brigatisti internazionali.

APPENDICE DOCUMENTARIA.

LA CONQUISTA DI SIDI EL BARRANI NELLA RELAZIONE GRAZIANI AL COMANDO SUPREMO DEL 18 SETTEMBRE 1940.

Il 18 settembre 1940 il Maresciallo d'Italia Rodolfo Graziani inviò al Comando Supremo la relazione sull'avanzata su Sidi el Barrani:

Il primitivo disegno operazioni prevedeva essenzialmente attacco aggirante per la destra da integrare al momento opportuno con duplice azione avvolgente su Sidi el Barrani. Poiché nel frattempo situazione forze nemiche andava accentuando addensamento elementi meccanizzati a portata direttrice esterna (Bir el Chreigat – Dar el Brug – Bir Dignaish) che avrebbe dovuto essere seguita da nostra ala destra, decidevo di cambiare radicalmente disegno operativo, concentrando tutte forze su sinistra e puntando fulmineamente su Sidi el Barrani per direttrice costiera.

In tal modo le strombazzate e realmente potenti forze corazzate nemiche operanti nel deserto sarebbero state tagliate fuori da una loro base e costretta a ripiegare per piste malagevoli e priva ogni risorsa. Impartivo subito ordini.

In sintesi gruppo divisioni libiche da Bir el Gobi – Gabr Saleh in prima schiera fra Capuzzo e Ghirba.

XXIII Corpo d'Armata in seconda schiera dietro divisione libica. Con suo poderoso schieramento avanzato artiglieria medio e piccolo calibro doveva appoggiare attacco libici. In riserva due elementi celeri.

Raggruppamento misto Maletti a destra pronto a sfruttare direttrice esterna predetta, Divisione 23 *Marzo* tutta auto–carrata a sinistra.

Sviluppò manovra prevista in due fasi.

Prima: movimento per raggiungere posizioni partenza.

Seconda: attacco a sbocchi Sollum et Halfaia e rapida avanzata verso Barrani.

In base a situazione mi riservavo di decidere circa momento di lanciare colonne celeri.

Movimenti prima fase si svolgevano con qualche difficoltà nelle asprezze del deserto da parte del Raggruppamento Maletti sottoposto anche a ripetuti bombardamenti aerei.

Ritenendo impossibile affidarli ancora compito agire isolatamente per direttrice desertica, lo spostavo più a nord, a Ghirba, a stretto contatto destra X Armata.

Rendevasi anche necessario un giorno di sosta per riordinamento e ricostruzione dotazioni logistiche. Avanzate in forze su Sollum e Halfaia iniziatasi giorno 13 e prosecuzione verso Est coglievano di sorpresa nemico che attendeva nostre colonne principali più a sud. Da Sidi Omar a Sceferzen.

A sera 14 settembre divisioni libiche travolte resistenze nemiche, avevano raggiunto Tidam el Khedim a circa 25 chilometri da Sollum.

Giudicavo giunto momento decisivo ed ordinavo immediatamente che riserva costituita da colonne celeri 23 *Marzo* e Maletti, scavalcando divisioni libiche, puntasse decisamente su Barrani. Benché difficoltà movimento date pessime condizioni piste e imperversare ghibli non abbiano consentito di occupare Sidi el Barrani nella giornata del 15, ma solo giorno successivo, tuttavia manovra può ritenersi perfettamente riuscita.

Divisione corazzata inglese, infatti, appena accortasi della minaccia su Barrani si è affrettata a ripiegare precipitosamente lungo piste desertiche, inseguita senza posa, bombardata e mitragliata da nostri instancabili stormi, che hanno seminato nelle sue file distruzione e disordine.

Gran parte suoi mezzi sono rimasti abbandonati lungo piste.

Molti sintomi hanno rilevato crisi rifornimenti specie benzina ed acqua, nonché disorientamento e nervosismo nei comandi nemici.

Comportamento, valore e spirito sacrificio tutte forze armate terrestri ed aeree è stato superiore ad ogni elogio, specie tenendo presenti condizioni terreno, stagione ritenuta proibitiva da nemico soprattutto imperversare ghibli soffocante durante giornata decisiva.

Prime ad entrare in Barrani sono state Camicie Nere XXIII *Marzo*.

In perfetta comunione spirito con Esercito e Milizia rivoluzione, superba prova hanno dato unità libiche.

In solo otto giorni hanno percorso a piedi circa 250 chilometri di deserto, combattendo e subendo serenamente offese aeree e bombardamenti artiglieria, sfatando così leggende diffuse da propaganda nemica che i libici non si sarebbero battuti.

Operazione in complesso ha superato ogni aspettativa perché è riuscita a realizzare sorpresa in un teatro di operazioni che questa sorpresa a priori escludeva.

Dal punto di vista logistico si sono fatti miracoli.

Stampa egiziana giudicava che fra mare e deserto avrebbero potuto transitare al massimo quindici– ventimila uomini e che passaggio autocarri e autoblinde era difficilissimo specialmente da agosto a metà ottobre.

E concludeva testualmente: una simile spedizione avrebbe quindi 5 probabilità di successo su 100, e soltanto nella stagione da novembre a marzo. Finisce.

Nemico dopo fatta tutta resistenza possibile contrastando palmo a palmo terreno è infine stato travolto dalla manovra che lo attanagliava e si è precipitosamente ritirato su Marsa Matruh distruggendo e incendiando depositi, baraccamenti e interrando pozzi.

Si può calcolare che esso abbia perduto più della metà dei suoi mezzi corazzati, tra quelli colpita da aviazione e quelli sperdutisi nel deserto a seguito disordinato ripiegamento.

Aviazione prodigatasi instancabilmente con azioni bombardamento avversario gettando fra sue file il terrore e con protezione colonne marcianti nel nudo deserto con crociere dalla caccia di fronte alle quali le forti formazioni dei *Gloster* nemici hanno costantemente voltato le spalle.

Laddove il critico inglese già citato opinava che non sarebbero passare che pochi automezzi, durante l'azione ve ne sono transitati circa duemila, dimostrazione palese di uno sforzo logistico di tale potenza che 70 certamente non poteva essere né concepito e tanto meno realizzato dalla mentalità britannica, che avrebbe forse preferito compiere questa avanzata metodica facendosi seguire dalla costruzione di una ferrovia come quella di Lord Kitchener di buona memoria nel Sudan.

Pari allo sforzo delle macchine è stata la resistenza dei nostri fanti delle camicie nere e delle truppe libiche, che sotto un calore di 50° e nelle turbine delle sabbie, sollevate dal ghibli ardente, si sono contentati del consueto litro d'acqua di Neghelli.

Ci si domanda quando gli inglesi cominceranno a capire che hanno a che fare col più forte esercito coloniale del mondo e quando finalmente impareranno a conoscere il valore del soldato italiano. Lo apprenderanno quanto prima.

L'OPERAZIONE *COMPASS*
NEI BOLLETTINI DEL COMANDO SUPREMO.

BOLLETTINO N° 187 *dell'11 dicembre:*
All'alba del giorno 9, divisioni corazzate inglesi hanno attaccato il nostro schieramento a sudest di Sidi el Barrani, tenuto da formazioni di truppe libiche. Queste truppe hanno valorosamente resistito in un primo tempo, ma dopo alcune ore sono state sopraffatte e si sono ritirate su Sidi el Barrani. Nella giornata del 9 e nella giornata di ieri, combattimenti di una violenza eccezionale si sono svolti tra le truppe nemiche e le nostre. La divisione Camicie Nere 3 gennaio e la 1a divisione Libica hanno tenuto testa all'attacco infliggendo al nemico perdite oltremodo gravi. Nella zona continuano accaniti combattimenti. In uno di essi è caduto, alla testa dei suoi battaglioni libici, il generale Maletti. La nostra aviazione ha volato in ogni istante sul cielo della battaglia, mitragliando e bombardando le formazioni corazzate nemiche. Sul fronte greco la giornata è trascorsa senza azioni di particolare rilievo.

BOLLETTINO N° 188 *del 12 dicembre:*
(...) In Africa settentrionale le operazioni sono tuttora in corso. Anche nella giornata di ieri si sono svolti accaniti combattimenti a ovest di Sidi el Barrani, nella zona di Bugbug. Le perdite in mezzi e uomini inflitte al nemico sono considerevoli. Anche le nostre sono sensibili.

BOLLETTINO N° 189 *del 13 dicembre:*
Alla frontiera cirenaica, nella zona tra Sollum e Sidi el Barrani e nella zona desertica a sudest, è continuata ieri violenta la battaglia tra le nostre truppe che combattono con grande valore e le colonne corazzate nemiche. Le nostre squadriglie da caccia e da bombardamento, nonostante tempeste di sabbia sollevate dal ghibli, hanno volato ininterrottamente dall'alba al tramonto bombardando e incendiando le unità nemiche. Il numero complessivo degli apparecchi nemici abbattuti in combattimento dal giorno 9 sale a diciotto. Dallo stesso giorno, dodici nostri velivoli non sono rientrati.

BOLLETTINO N° 190 *del 14 dicembre:*
Nella zona di frontiera cirenaica sono continuati i combattimenti per tutta la giornata di ieri e nel pomeriggio; alcuni contrattacchi effettuati dalle nostre truppe hanno rallentato la pressione nemica. Nostre formazioni aeree hanno volato ininterrottamente sul campo di battaglia. La nostra caccia ha abbattuto in combattimento sei *Gloster*; tutti i nostri aerei sono rientrati, alcuni con morti e feriti a bordo.

BOLLETTINO N° 191 *del 15 dicembre:*
Dopo l'evacuazione di Sidi el Barrani, ieri - sesta giornata della grande battaglia - le truppe italiane e quelle inglesi si sono sanguinosamente scontrate dalla mat-

tina al tramonto nella zona desertica Forte Capuzzo-Sollum-Bardia. Attacchi e contrattacchi si sono svolti senza sosta. Il campo di battaglia è seminato di gruppi di autoblindo e di carri armati nemici che bruciano. Ma la pressione delle forze nemiche non si è ancora attenuata. L'aviazione si è prodigata, con l'ammirevole spirito di sacrificio che la distingue, bombardando e combattendo ininterrottamente. Nei combattimenti di ieri sono stati abbattuti in fiamme dalla nostra caccia undici velivoli. Ulteriori controlli fanno salire a dodici i velivoli nemici abbattuti nel giorno precedente. Sei dei nostri apparecchi da bombardamento non sono rientrati. Il nemico ha effettuato azioni di bombardamento contro la base di Bardia e quella di Tripoli. In quest'ultima città due apparecchi nemici sono stati abbattuti.

BOLLETTINO N° 192 *del 16 dicembre*:
In Cirenaica, nella zona di frontiera, è continuata la pressione di forze nemiche bombardate dalla nostra aviazione, che ha inflitto molte perdite alle formazioni corazzate.

BOLLETTINO N° 193 *del 17 dicembre*:
L'ottava giornata di battaglia nella zona desertica del fronte cirenaico si è svolta con un accanimento non inferiore a quello delle precedenti giornate. La nostra aviazione, malgrado il tempo proibitivo, non ha rallentato la sua attività, in concorso alla resistenza delle truppe e con le sue formazioni da caccia e da bombardamento ha fortemente logorato il nemico. Sul mare, nostri aerosiluranti hanno colpito con due siluri un incrociatore da 6.000 tonnellate che aveva bombardato Bardia. Cinque nostri apparecchi non sono rientrati.

BOLLETTINO N° 194 *del 18 dicembre*:
Nella zona di frontiera cirenaica le truppe nemiche, per il logorio e le perdite subite, hanno rallentato nella giornata di ieri - nona della grande battaglia - la loro pressione. Le nostre artiglierie hanno efficacemente battuto reparti di mezzi meccanizzati nemici, mentre le nostre formazioni aeree hanno bombardato unità corazzate più lontane. L'incrociatore nemico silurato dinanzi a Porto Bardia, di cui al Bollettino n° 193, è stato visto capovolgersi e affondare. Gli aerosiluranti affondatori erano al comando del capitano pilota Grossi e del tenente pilota Barbani, coadiuvati dagli osservatori tenenti di vascello Marazio e Riva. Nostri apparecchi hanno bombardato navi da guerra inglesi presentatesi davanti a Porto Bardia. L'aviazione da caccia avversaria ha contrastato l'azione dei nostri bombardieri, che hanno abbattuto un apparecchio *Gloster*. Nostre formazioni da caccia, di scorta ai bombardieri, hanno impegnato combattimento con la caccia nemica: un *Hurricane* è stato abbattuto; un nostro apparecchio da caccia non è rientrato. (...) Nella giornata del 16 sono stati abbattuti 5 caccia inglesi.

BOLLETTINO N° 195 *del 19 dicembre*:
Nell'Africa settentrionale, la battaglia continua nella zona di Bardia dove sono segnalati notevoli concentramenti di mezzi meccanizzati nemici. Alcune di queste formazioni che avevano tentato di avvicinarsi alla città sono state contrattaccate con successo. Nostre formazioni aeree hanno efficacemente bombar-

dato mezzi meccanizzati nemici.

BOLLETTINO N° 196 *del 20 dicembre*:
Nella zona di frontiera cirenaica, le nostre artiglierie hanno controbattuto, con successo, artiglierie nemiche e mezzi meccanizzati nel settore di Bardia. Durante azioni di mitragliamento e bombardamento, le nostre formazioni aeree venivano assalite da gruppi di aeroplani nemici. Le nostre formazioni reagivano sostenendo una furibonda battaglia: due Hurricane sono stati abbattuti, un nostro apparecchio da caccia non è rientrato. Nella notte dal 18 al 19 è stata bombardata Alessandria.

BOLLETTINO N° 198 *del 22 dicembre*:
 Nella zona di frontiera cirenaica, azioni delle opposte artiglierie. Una nostra unità navale ha bombardato gruppi motorizzati nemici presso la costa; una torpediniera ha abbattuto un aerosilurante nemico. Nostri reparti aerei hanno effettuato un intenso bombardamento contro concentramenti di truppe e mezzi meccanizzati; inoltre, durante tutta la notte, per quanto ostacolati dal maltempo, hanno tenuto costantemente sotto offesa banchine e impianti di una base avanzata nemica, dove sono stati provocati incendi. Il nemico ha effettuato il bombardamento di una nostra base aerea in Tripolitania

BOLLETTINO N° 199 *del 23 dicembre*:
Nella zona di frontiera cirenaica la situazione è immutata. Sono stati rinnovati bombardamenti aerei di una base avanzata del nemico e attacchi contro suoi mezzi corazzati. Un aerosilurante ha colpito e affondato un incrociatore ausiliario inglese. Il nemico ha bombardato alcuni centri della Libia: un morto e tre feriti.

BOLLETTINO N° 200 *del 24 dicembre*:
Nella zona di frontiera cirenaica, le nostre artiglierie hanno battuto autoblindo e carri armati nemici avvicinatisi alle nostre posizioni. Nostri bombardieri hanno effettuato una riuscitissima azione contro mezzi meccanizzati e contro una base avanzata nemica. In combattimento aereo la nostra caccia abbatteva due velivoli tipo *Hurricane*. Un nostro velivolo non è rientrato da una ricognizione.

BOLLETTINO N° 201 *del 25 dicembre:*
Nella zona di frontiera cirenaica la situazione è immutata. I reparti aerei hanno proseguito la, loro azione di bombardamento e mitragliamento contro mezzi meccanizzati avversari. Le basi avanzate nemiche sono state ancora sottoposte a un intenso bombardamento; in una base aerea sono stati notati scoppi e incendi. In Tripolitania il nemico ha bombardato la città e il porto di Tripoli recando qualche danno.

 BOLLETTINO N° 202 *del 26 dicembre*:
Nella zona di frontiera cirenaica attorno a Bardia, vivaci azioni delle artiglierie nemiche controbattute dalle nostre. Un attacco contro un nostro posto nel deserto è stato respinto. Nella notte fra il 24 e il 25 e durante la giornata di ieri, una base avanzata nemica è stata sottoposta a un intenso bombardamento aereo:

una nave da guerra è stata colpita. Sono stati inoltre bombardati efficacemente nuclei di mezzi meccanizzati nel sud della Cirenaica

BOLLETTINO N° 203 *del 27 dicembre*:
Nella zona di frontiera cirenaica continuano azioni delle opposte artiglierie e attività di pattuglie. Intensa attività della nostra aviazione: sono stati compiuti bombardamenti contro navi, nella rada di una base avanzata, contro batterie e contro mezzi meccanizzati. La caccia ha impegnato combattimento con una numerosa formazione di *Gloster*: tre velivoli nemici sono stati abbattuti. Un nostro velivolo non è rientrato. Nelle acque della Cirenaica, il mattino del 26, un idro da ricognizione marittima ha avvistato e bombardato efficacemente un sommergibile avversario.

BOLLETTINO N° 204 del *28 dicembre*:
Nella zona di frontiera cirenaica, sul fronte di Bardia, tiri di artiglieria. In un'azione combinata con aviazione una nostra colonna celere ha distrutto un reparto meccanizzato nemico, catturandone gli equipaggi. Una unità navale ha effettuato lungo la costa un'azione di artiglieria contro reparti blindati, disperdendo nuclei avversari e riducendo al silenzio artiglierie autoportate. Nostri bombardieri hanno continuato a tenere sotto la loro efficace offesa, durante la giornata di ieri e nella notte precedente, basi avanzate e mezzi meccanizzati nemici. La nostra caccia ha sostenuto vivaci combattimenti con quella avversaria.

BOLLETTINO N° 205 *del 29 dicembre*:
Nella zona di frontiera cirenaica, aumentata attività di artiglieria e di pattuglie sul fronte di Bardia; azione di nostre colonne celeri, in cooperazione con l'aviazione, le quali, nella regione desertica, hanno distrutto alcune autoblindo nemiche. Due nostri aerosiluranti hanno attaccato e colpito un monitore e un cacciatorpediniere. Un nostro velivolo da caccia non è rientrato.

BOLLETTINO N° 206 *del 30 dicembre*:
Nella zona di frontiera cirenaica continuano azioni di artiglierie attorno a Bardia; qualche piccolo reparto meccanizzato inglese che tentava di avvicinarsi alle nostre opere è stato respinto. In successive azioni offensive, l'Aeronautica ha spezzonato e mitragliato nuclei meccanizzati nemici: numerosi mezzi sono stati danneggiati e distrutti. Nella zona di Giarabub un attacco nemico è stato respinto. Gli inglesi hanno bombardato alcune nostre basi senza arrecare danni.

BOLLETTINO N° 207 *del 31 dicembre:*
Nella zona di frontiera cirenaica, azioni delle nostre artiglierie e dell'aviazione da caccia mediante spezzonamento e mitragliamento contro gruppi di carri armati e di autoblindo nemici che sono stati respinti e danneggiati, mentre tentavano di avvicinarsi alle nostre posizioni., Azioni lontane di artiglierie e di aviazione da bombardamento contro la base di Sollum. Nella notte tra il 29 e il 30 aerei nemici hanno bombardato nostri campi della Cirenaica senza perdite né danni.

BOLLETTINO N°208 *del 1 gennaio 1941*

Nella zona di frontiera cirenaica, attività delle nostre artiglierie, che hanno effica-cemente battuto autocolonne avversarie. Un attacco nemico contro un nostro posto avanzato sul fronte di Bardia è stato respinto. In altro combattimento, nel-la zona di Giarabub, le nostre truppe hanno messo in fuga un reparto nemico sostenuto da auto-blindo. Nostre formazioni aeree di assalto e da caccia hanno effettuato ripetute azioni su concentramenti di mezzi meccanizzati ne-mici infliggendo loro sensibili perdite.

BOLLETTINO N°209 *del 2 gennaio*
Nella zona di frontiera cirenaica, attività di artiglierie e di pattuglie sul fronte di Bardia. Nella zona di Giarabub, sul terreno del com-battimento segnalato nel bollettino di ieri, abbiamo raccolto mate-rie di armamento, munizioni ed autocarri abbandonati dal nemico. Incursioni aeree avversarie sui nostri campi della Cire-naica hanno prodotto lievi danni e nessuna vittima; efficaci l'intervento della cac-cia e la reazione contraerea; è stato abbattuto un apparecchio nemico. Nostre formazioni d'assalto e da caccia hanno bombardato e mitragliato numerosi ele-menti meccanizzati ed una ridotta nemica. Tutti i nostri apparecchi sono rientra-ti.

BOLLETTINO N°210 *del 3 gennaio*
Nella zona di frontiera cirenaica, nostre artiglierie hanno controbat-tuto formazio-ni meccanizzate e mezzi navali nemici. Aerei da bombardamento hanno ripetu-tamente attaccato una base avanzata avver-saria e navi presso la costa, col-pendo un incrociatore. Altri aerei hanno bombardato e mitragliato formazioni meccanizzate sul fronte di Bardia e nel deserto. Tutti i nostri apparecchi sono rientrati.

BOLLETTINO N°212 *del 5 gennaio*
La battaglia sul fronte di Bardia è continuata con crescente violenza per tutta la giornata di ieri, ed è tuttora in corso. Formazioni da caccia e da assalto vi hanno partecipato mitragliando e spezzonando in varie località truppe nemiche, immo-bilizzando e distruggendo automezzi corazzati. Malgrado l'eroico comportamen-to delle nostre unità terrestri ed aeree, qualche caposaldo è caduto in mano del ne-mico. L'aviazione ha ripetutamente bombardato forze navali nemiche al largo di Bardia e colonne meccanizzate. Incursioni aeree avversarie sui nostri campi hanno prodotto lievi danni al personale e al materiale. Durante i combattimenti aerei, la nostra caccia ha abbattuto in fiamme, sinora, otto velivoli nemici. Tre nostri velivoli non sono rientrati. Sul fronte greco, durante azioni di carattere lo-cale, abbiamo catturato armi e prigionieri. Formazioni aeree hanno mitragliato e spezzonato truppe nemiche in movimento.

BOLLETTINO N°213 *del 6 gennaio*
La battaglia è continuata ieri accanita dal mattino alla sera sul fronte di Bardia. Altri capisaldi sono caduti dopo una strenua resistenza delle nostre truppe, che hanno inflitto all'avversario notevoli perdite. L'aviazione ha continuato a prodi-garsi in concorso alle azioni di terra. Aerei nemici hanno bombardato nostre basi senza arrecare danni. Un nostro aereo non è rientrato.

BOLLETTINO N°214 *del 7 gennaio*
Gli ultimi capisaldi che resistevano ancora a Bardia sono caduti verso la sera del 5 andante. Le nostre truppe hanno, durante 25 giorni, scritto pagine sublimi di ardimento e inflitto perdite forti al nemico. Forti sono state anche le nostre, in materiali, in uomini: caduti, feriti, dispersi. Durante un'incursione nemica su Tobruch due velivoli nemici sono stati abbattuti in fiamme dall'artiglieria contraerea della Regia Marina.

BOLLETTINO N°215 *del 8 gennaio*
In Cirenaica, azioni di pattuglie e di artiglieria fra Bardia e Tobruch. Nostri aerei hanno silurato un cacciatorpediniere nemico presso Sol-lum. Pattuglie da caccia e da assalto hanno mitragliato e spezzonato mezzi meccanizzati avversari. Numerose incursioni sono state effettuate dall'aviazione nemica su varie località della Cirenaica e sull'abitato di Tripoli, ove si lamentano quattro morti e una diecina di feriti. Un aereo nemico è stato abbattuto, in combattimento, da un nostro caccia.

BOLLETTINO N°216 *del 9 gennaio*
In Cirenaica, sul fronte terrestre, nessuna novità di rilievo. Nostra formazione da caccia e da assalto ha attaccato un gruppo di mezzi meccanizzati nemici distruggendo diverse autoblindo. Incursioni aeree avversarie su Bengasi e su Tripoli hanno causato lievi danni materiali e tre morti a Tripoli.

BOLLETTINO N°217 *del 10 gennaio*
(...) In Cirenaica, tiri di artiglieria nella zona di Tobruch, durante i quali mezzi meccanizzati nemici sono stati distrutti. Nostri aerei hanno bombardato il porto di Sollum; una formazione d'assalto e da caccia ha avvistato e colpito un centinaio di mezzi meccanizzati nemici che si dirigevano su Acroma a sud - ovest di Tobruch.

BOLLETTINO N°218 *dell' 11 gennaio*
(...) In Cirenaica, azioni di artiglierie nella zona di Tobruch e presso Giarabub. Una nostra formazione d'assalto e da caccia ha attaccato una formazione di carri armati e di autoblindo, distruggendone diverse; in combattimento aereo è stato abbattuto un velivolo da caccia tipo *Hurricane*. Incursioni aeree nemiche su Tobruch e nella zona di Bengasi hanno causato qualche danno e nove morti, dei quali sette bambini e quattro feriti tutti musulmani. E' stato catturato l'equipaggio di un aereo inglese costretto ad atterrare.

BOLLETTINO N°219 *del 12 gennaio*
(...) In Cirenaica, atti-vità di artiglierie e di pattuglie. Nostri velivoli hanno bombardato formazioni nemiche nei pressi di Giarabub. Reiterati attacchi aerei nemici su alcune nostre basi della Cirenaica.

BOLLETTINO N°220 *del 13 gennaio*
Sul fronte greco, normale attività di pattuglie ed artiglierie. Nostri velivoli hanno

mitragliato e spezzonato truppe in marcia e colonne di automezzi. In Cirenaica, attività di artiglierie sulla fronte di Tobruch e di nostre colonne celeri nel deserto attorno a Giarabub. E' stata efficacemente bombardata una base avanzata nemica. L'aviazione nemica ha bombardato alcune località della Cirenaica senza causare vittime.

BOLLETTINO N°221 *del 14 gennaio*
(...) In Cirenaica, attività delle nostre artiglierie, che hanno inflitto perdite a mezzi meccanizzati nemici sul fronte di Tobruch ed azioni di pattuglie e di artiglieria nella zona di Giarabub. Azioni aeree nemiche su località della costa cirenaica non hanno causato vittime.

BOLLETTINO N°222 *del 15 gennaio*
(...) In Cirenaica sal-tuaria attività di artiglieria e di pattuglie nella zona di To-bruch ed in quella di Giarabub: nostri aerei hanno efficacemente spezzonato autoblindo ed hanno bombardato artiglierie nemiche. Il nemico ha effettuato incursioni su alcune località della Libia recando qualche danno ad edifici.

BOLLETTINO N°223 *del 16 gennaio*
(...) In Cirenaica, consueta attività di artiglieria sul fronte di Tobruch e di nostre colonne celeri nella zona di Giarabub. Nostri aerei hanno bombardato rotabili, posti di rifornimento ed apprestamenti nemici a sud - est di Tobruch. Un aereo nemico in ricognizione su Tobruch è stato abbattuto dalla difesa contraerea della R. Marina.

BOLLETTINO N°224 *del 17 gennaio*
(...) In Cirenaica attività di artiglieria e di pattuglie.

BOLLETTINO N°225 *del 18 gennaio*
(...) Nella Cirenaica aumentata attività di artiglierie e di pattuglie sul fronte di To-bruch. Durante un'incursione aerea del nemico, un velivolo tipo *Hurricane* è sta-to abbattuto dalla difesa contraerea della R. Marina. Sul fronte di Giarabub nostri aerei hanno bombardato e mitragliato truppe e mezzi meccanizzati nemici.

BOLLETTINO N°226 *del 19 gennaio*
(...) Nell'Africa settentrionale, attività di artiglierie nel settore di Tobruch e di nostre pattuglie motorizzate nel deserto del sud cirenaico.

BOLLETTINO N°227 *del 20 gennaio*
(...) In Cirenaica azioni di artiglierie e di pattuglie sui fronti di Giarabub e di To-bruch. Nei pressi di Giarabub nostri aerei hanno bombardato con ottimo esito mezzi meccanizzati nemici. Il nemico ha compiuto un'incursione aerea su To-bruch: un suo velivolo è stato abbattuto dalla difesa contraerea.

BOLLETTINO N°228 *del 21 gennaio*
(...) In Cirenaica, aumentata attività di artiglierie intorno a Tobruch e attività aerea nemica sulla Piazza di Tobruch, arrecando qualche danno al materiale e nessu-

no al personale. Nostri aerei hanno ripetutamente bombardato apprestamenti e basi nemiche.

BOLLETTINO N°229 *del 22 gennaio*
(...) L'attacco nemico contro la piazzaforte di Tobruch, che era già da venti giorni completamente circondata e battuta quotidianamente da artiglierie e da aerei, è co-minciato nella mattina di ieri 21. Esso è stato preceduto nella notte da un bombardamento navale durato sino all'alba ed è stato sostenuto durante il giorno da continue incursioni dell'aviazione da bombardamento nemica. Sono state identificate come partecipanti all'attacco, tre divisioni australiane, rinforzate da due reggimenti di artiglieria pesante, due divisioni corazzate e una formazione motoriz-zata francese di cosiddetti dissidenti. Alla fine della giornata, dopo aspri combattimenti, il nemico era riuscito a penetrare nella linea dei capisaldi del settore orientale della Piazza.

BOLLETTINO N°230 *del 23 gennaio*
(...) La battaglia asprissima fra i capisaldi della piazzaforte di Tobruch é continuata per tutta la giornata di ieri. Solo nel pomeriggio gli australiani sono penetrati nell'abitato di Tobruch dove tutto era stato dato alle fiamme e la vecchia nave San Giorgio era stata fatta saltare con la dinamite. Nel settore occidentale della Piazza alcuni capisaldi oppongono ancora una strenua resistenza all'attacco nemico. Le forze italiane concentrate a Tobruch consistevano in una sola divisione più alcuni reparti di Marina e guardie di frontiera. Il ne-mico stesso è costretto ad ammettere che le perdite subite dalle sue cinque divisioni attaccanti sono state particolarmente gravi. La no-stra aviazione ha bombardato concentramenti di truppe nemiche; quella avversaria ha effettuato incursioni su alcune località della Li-bia arrecando qualche danno.

BOLLETTINO N°231 *del 24 gennaio*
(...) In Cirenaica la nostra aviazione ha spezzonato e mitragliato intensamente mezzi meccanizzati del nemico; l'aviazione avversaria ha bombardato Derna. Nella piazzaforte di Tobruch nostri nuclei hanno opposto nella parte ovest, un'accanita resistenza durante tutta la giornata di ieri.

BOLLETTINO N°232 *del 25 gennaio*
Gli ultimi reparti che nel settore occidentale di Tobruch opponevano una disperata resistenza all'attacco nemico, sono stati sopraffatti nella giornata di ieri. Le forze che si trovavano nella piazzaforte di Tobruch si componevano di una divisione di fanteria, la *Sirte*, di un battaglione di guardie alla frontiera, di un battaglione di Camicie Nere, di reparti di marinai e artiglieri: un totale di 20 mila uomini circa. Queste forze hanno resistito per 19 giorni al triplice incessante bombardamento dalla terra, dal mare e dall'aria e hanno tenuto testa per quattro giorni all'assalto finale. Le nostre artiglierie hanno sparato sino all'ultimo proiettile e hanno prodotto larghi vuoti nei reparti australiani. Anche le nostre perdite in uomini e in materiali sono state forti. Secondo una radio - comunicazione del nemico sono stati sgombrati da Tobruch oltre duemila feriti italiani. Nella battaglia di Tobruch che è stata durissima, secondo la stessa confessione nemica, le forze

armate d'Italia hanno eroicamente combattuto. Dopo Tobruch la battaglia si è spostata ad ovest, dove puntate di mezzi corazzati nemici sono state respinte dal nostro fuoco, al quale si è aggiunto il bombardamento e il mitragliamento effettuato dalla nostra aviazione; un aereo nemico tipo *Blenheim* è stato abbattuto dalla nostra caccia.

BOLLETTINO N°233 *del 26 gennaio*
(...) Nella Cirenaica sono in corso combattimenti con la cooperazione efficace della nostra aviazione, che si prodiga spezzonando e mitragliando truppe e mezzi meccanizzati nemici. Nella giornata di ieri la nostra caccia, raggiunta una formazione nemica, ha abbattuto in fiamme quattro velivoli del tipo *Gloster*.

BOLLETTINO N°234 *del 27 gennaio*
(...) Nella Cirenaica, in vivaci combattimenti ad oriente ed a sud di Derna, le nostre truppe hanno inflitto notevoli perdite ai mezzi corazzati nemici. La nostra aviazione ha bombardato, spezzonato e mitragliato forti concentramenti meccanizzati ed artiglierie. Due velivoli inglesi sono stati abbattuti dalla nostra caccia.

BOLLETTINO N°235 *del 28 gennaio*
(...) Nella Cirenaica continuano i combattimenti ad oriente di Derna. Le nostre truppe hanno respinto una colonna nemica, infliggendole perdite e catturando prigionieri. La nostra aviazione ha spezzonato e mitragliato mezzi corazzati e fanterie nemiche. In combattimento la nostra caccia ha abbattuto due velivoli tipo *Hurricane*.

BOLLETTINO N°236 *del 29 gennaio*
(...) Nella Cienaica, a sud di Derna, un attacco di una divisione corazzata nemica è stato respinto dalle nostre truppe, che hanno inflitto all'avversario notevoli perdite. Nostri reparti aerei si sono prodigati bombardando, spezzonando e mitragliando incessantemente nuclei corazzati, automezzi e truppe ne-miche. Il gruppo aereo d'assalto si è particolarmente distinto, per instancabile ed eroica attività.

BOLLETTINO N°237 *del 30 gennaio*
(...) Nella Cirenaica, intensa attività di artiglierie, di pattuglie e di nuclei celeri, attivamente coadiuvati dalla nostra aviazione.

BOLLETTINO N°238 *del 31 gennaio*
(...) Nella Cirenaica, il Comando Superiore, allo scopo di evitare l'aggiramento delle nostre posizioni di Derna, ha ordinato l'evacuazione della città e spostato le truppe immediatamente ad ovest e a sud, dove nostri reparti hanno stroncato un attacco di truppe australiane motorizzate. Formazioni aeree hanno bombardato mezzi meccanizzati inglesi. Nostri velivoli da caccia hanno abbattuto due velivoli. Il nemico ha compiuto incursioni su una località della Cirenaica, causando tre morti ed alcuni feriti; lievi danni materiali.

BOLLETTINO N°239 *del 1 febbraio*

(...) Nella Cirenaica, nostre unità corazzate hanno attaccato e respinto a sud del Gebel mezzi nemici, che sono stati bombardati dalla nostra aviazione.

BOLLETTINO N°240 *del 2 febbraio*
(...) Nella Cirenaica, nessuna novità degna di rilievo. Nostri reparti aerei hanno bombardato nuclei meccanizzati nemici. Due velivoli tipo *Hurricane* sono stati abbattuti dalla nostra caccia. Il nemico ha compiuto incursioni su nostri campi di aviazione, con danni, ma senza morti o feriti.

BOLLETTINO N°241 *del 3 febbraio*
(...) In Africa settentrionale, nostri reparti aerei hanno bombardato con successo colonne di mezzi meccanizzati britannici.

BOLLETTINO N°242 *del 4 febbraio*
(...) Nell'Africa settentrionale, intensa attività aerea nostra ed avversaria.

BOLLETTINO N°243 *del 5 febbraio*
(...) Nell'Africa settentrionale, attività delle opposte aviazioni. Aerei inglesi hanno bombardato Bengasi.

BOLLETTINO N°244 *del 6 febbraio*
(...) Nell'Africa settentrionale, nostri aerei hanno mitragliato e spezzonato mezzi meccanizzati britannici.

BOLLETTINO N°245 *del 7 febbraio*
(...) Nella Cirenaica, é in corso una violenta battaglia nel sud bengasino tra no-stre truppe e formazioni nemiche.

BOLLETTINO N°246 *del 8 febbraio*
(...) Nei giorni 5 e 6 si é svolta nel Sud bengasino una battaglia asprissima, durante la quale le nostre perdite sono state gravi e quelle del nemico, in uomini e mezzi, non meno gravi. Alla sera del 6 il nemico ha occupato Bengasi, sgombrata dalle nostre truppe per ri-sparmiare la popolazione civile, nazionale e indigena.

LE OPERAZIONI IN LIBIA.
COMUNICAZIONE DI WAVELL AL *WAR CABINET* DI LONDRA, FEBBRAIO 1941.

TO BE KEPT UNDER LOCK AND KEY .

It is requested that special care may be taken to ensure the secrecy of this document.

WAR CABINET.

OPERATIONS IN LIBYA.

Note by the Secretary of State for War.

I CIRCULATE, for the information of my colleagues, the annexed telegram which has been received from the Commander-in-Chief, Middle East, regarding the operations in Libya.

D. M. War Office, S.W. 1, February 16, 1941.

(1/41035)

FOR reasons operational secrecy no previous publicity given activities armoured division. At your discretion these can now be broadcast.
Success phase operations starting Sidi Barrani and culminating Benghazi has been due in large measure to ascendency moral and material established by armoured division over enemy from very outset Italian declaration of War.
From word go armoured division took offensive and, with the exception of period during which they were withdrawn for strategical reasons to allow Italian forces to stretch themselves across frontier to Sidi Barrani, they have consistently attacked. In early days units of armoured division penetrated and temporarily cleared tracts of hostile territory running into thousands of square miles. Gradually they were pressed back by establishment successive defended localities by forces numerically superior as ten to one employing artillery twenty or thirty to one. Result, this extraordinary moral ascendency evident every stage of operations leading to capture Benghazi. If British armoured units even in small number- appeared to threaten line of retreat, first Italian impulse was to hesitate and then assume defensive instead of trying to break through.
Using different methods of surprise bold use of numerically inferior forces worked time after time. Spectacular finish to this phase epitomises not only dash of its leaders and determination tenacity of troops, but it also speaks volumes for quality and standard of British equipment. For nearly eight months armoured division has been employed without rest.

Vehicles which had already withstood strain protracted operations in worst possible conditions sand and heat were able in last dash to make final and protracted burst which completely surprised enemy. Weight for class Italian tanks, many of them newly delivered from manufacturers, proved no match for British products.

Other (? facts) value of long and carefully directed individual and collective training, physical fitness, individual intiative and contribution by workers at home to victories in the field.

Publicity may also be given to activities of long-range desert patrols. Italian garrisons at Kufra and other desert posts provided amongst other duties L. of C. for interchange Italian aircraft between Libya and Italian East Africa.

Kufra also constituted potential threat to Nile Valley soon after declaration war, long-range desert patrols formed under leadership major, now lieut.-colonel. Bagnold with nucleus scattered Englishmen who in peace time made their hobby exploration of Libyan Desert.

Within six weeks of inception, patrols composed picked officers and men New Zealand forces and Royal Armoured Corps started their activities. In conditions of indescribable hardship these patrols constantly scoured desert, shooting up convoys, destroying petrol dumps and generally harassing Italian desert garrisons. Immediate result was cessation of normal supply convoys, increase Italian garrisons and many other comings and goings. Having achieved first object our patrols in concert Free French commenced operations in (? Fed An). Story of our action with French co-operation at Murzuk, our capture of Traghan and other lesser posts has already been told by General Catroux. Original personnel have now been augmented by volunteers from British units and Rhodesians.

In company with French, operations by our long-range desert patrols are now in progress about Kufra. As further tribute to British work- manship, noteworthy that vehicles by these patrols have now covered total distance half a million miles without loss of single vehicle from mechanical breakdown, this is all the more praiseworthy if realised that for obvious reasons patrols unable use recognised tracks and have found their own ways over sand seas, uncharted desert, outcrops of rock and other difficulties previously considered by most seasoned explorers to be totally impassible.

As final note, service of transport drivers throughout all operations in Libya in desert Sudan and Kenya merits special mention. Their work has been magnificent. Undeterred by perpetual sandstorms, by bombing, by shortage of water and other physical difficulties our transport drivers British, from Dominions, India, Cyprus and Cape have never failed to support their comrades in fighting line by delivering their loads at right place and time. Road maintenance of vehicles has been above reproach, courage and devotion to duty admirable.

SCHEDE TECNICHE DEI CORAZZATI ITALIANI

CARRO ARMATO LEGGERO L3/ 33 (CV33)

Anno di entrata in servizio: 1933
Equipaggio: 2 uomini
Peso: t 3,2
Dimensioni: lunghezza m 3,15;
larghezza m 1,40;
altezza m 1,28
Motore: a benzina, potenza 43 hp
Velocità 42 kmh
Autonomia: 120 km
Corazzatura: frontale 13,5 mm, laterale 6 mm
Armamento: 1 mitragliatrice Fiat Revelli 14

CARRO LEGGERO L3/35 (CV35)

Anno di entrata in servizio: 1935
Equipaggio: 2 uomini
Peso: t 3,2
Dimensioni: lunghezza m 3,15;
larghezza m 1,40;
altezza m 1,28
Motore: a benzina, potenza 43 hp
Velocità 42 kmh
Autonomia: 125 km
Corazzatura: frontale 15,5 mm, laterale 8,5 mm
Armamento:2 mitragliatrici Fiat 35 o Breda 38.
La versione lanciafiamme era denominata L35LF.; montava al posto di una delle mitragliatrici un tubo lanciafiamme alimentato da un serbatoio esterno che poteva essere sia montato sul portello di ispezione del motore che su rimochietto apposito. La modifica venne eseguita sia su scafi di CV.33 (L33LF) che di CV35

CARRO MEDIO M 11/39

Anno di entrata in servizio: 1939
Equipaggio: 3 uomini
Peso 11 t circa
Dimensioni: lunghezza m 4,85;
larghezza m 2,18;
altezza 2,11
Motore: Diesel, potenza 105 hp
Velocità: 32 kmh
Autonomia: 210 km su strada, 12 ore fuori strada
Corazzatura: frontale 30 mm, laterale 14,5 mm
Armamento: 1 cannone da 37 mm, 2 mitragliatrici cal. 8 Breda 38; Apparati
radio: interfono per comunicazioni interne, 1 complesso radio Marelli RF 1 CA

CARRO MEDIO M 13/40

Anno di entrata in servizio: 1940
Equipaggio: 4 uomini
Peso 14 t circa
Dimensioni: lunghezza m 4,91;
larghezza m 2,28;
altezza 2,37
Motore: Diesel, potenza 125 hp
Velocità: 32 kmh, fuori strada 15 kmh
Autonomia: 200 km su strada, 12 ore fuori strada
Corazzatura: frontale 30 mm, laterale 25 mm
Armamento: 1 cannone semiautomatico da 47/32, 3 mitragliatrici cal. 8 Breda 38.

IL FORTE DI EL MECHILI
(DISEGNO DI KURT CAESAR, COLLEZIONE DELL'AUTORE).

NOTA BIBLIOGRAFICA.

AAVV 1954, *The Mediterranean and the Middle East, I, The Early Successes against Italy (to May 1941), History of the Second World War:* United Kingdom Military Series, HMSO, London.

J. Baynes, 1989, *The Forgotten Victor: General Sir Richard O'Connor, KT, GCB, DSO, MC*, Potomack Books, Lincoln.

F. Bandini 1980, *Gli Italiani in Africa*, Mondadori, Milano.

U. Barlozzetti, A. Pirella 1986, *Mezzi dell'Esercito italiano 1935- 1945*, Olimpia, Firenze.

P. Baroni 2001, *Generali nella polvere. Perche abbiamo perduto in Africa Settentrionale (giugno 1940 - febbraio 1941).* Settimo Sigillo, Roma.

C. Barnett 1982 2nd, *The Desert Generals*, Indiana University Press, Bloomington.

M. Berchtold 2017, *Flying to Victory. Raymond Collishaw and the Western Desert campaign 1940- 1941*, University of Oklahoma Press, Norman.

J. Bierwirth 2013, *Beda Fomm. An Operational Analysis*, Pickle Partners Publ., East Lansing.

A.Biagini, F. Frattolillo 1988, *Diario Storico del Comando Supremo (1.9.1940 -31.12.1940)*, II, USSME, Roma.

A. Bongioanni 1996, *Battaglie nel deserto. da Sidi- el- Barrani a El Alamein*, Mursia, Milano.

A. Borgiotti, C. Gori 1972, *Guerra aerea in Africa Settentrionale 1940- 1941*, Stem Mucchi, Modena.

O. Bovio 1999, *In alto la bandiera. Storia del Regio Esercito*, Bastogi, Foggia.

G. Bucciante 1989, *I generali della dittatura*, Mondadori, Milano.

R. Canosa 2005, *Graziani. Il Maresciallo d'Italia dalla guerra d'Etiopia alla Repubblica di Salò*, Mondadori, Milano.

U. Cavallero 1984, *Diario 1940- 1943* (a cura di G. Bucciante), Ciarrapico, Roma.

G. Cecini 2016, *I generali di Mussolini*, Newton Compton, Roma.

L. Ceva 1982, *Africa settentrionale 1940- 1943*, Bonacci, Roma.

H. R. Christie 1999, *Fallen Eagles: the Italian 10th Army in the opening campaign in the western desert, June 1940 - December 1940,* U.S. Army Command and General Staff College, Fort Leavenworth.

G. Ciano 1990, *Diario 1937- 1943* (a cura di R. De Felice), Rizzoli, Milano.

J. Connell 1964, *Wavell. Scholar and Soldier*, Collins, London.

A. Cova 1987, *Graziani. Un generale per il regime*, Newton Compton, Roma.

C. De Biase 1969, *L'Aquila d'oro. Storia dello Stato Maggiore Italiano (1861-1945)*, Il Borghese, Milano.

R. De Felice 1990, *Mussolini l'alleato. 1. L'Italia in guerra 1940-43. 1. Dalla guerra "breve" alla guerra lunga*, Einaudi, Torino.

A. Del Boca 2006, *La tragica fine della X armata e del suo comandante. Lettere dalla Libia del generale Tellera*, "I sentieri della ricerca. Rivista di storia contemporanea" 3.

E. Faldella 1960, *L'Italia nella seconda guerra mondiale*, Cappelli, Bologna.

G. Forty 1990, *The First Victory: General O'Connor's Desert Triumph, Dec. 1940- Feb. 1941*, Nutshells publ., Turnbridge Wells.

J. Fest 1973, *Hitler. Eine Biographie*, Propyläen Verlag, Frankfurt/m, Berlin, Wien (tr. it. Rizzoli, Milano 1974)

D. Fraser 1993, *Knight's Cross. The Life of Feldmarschall Erwin Rommel*, Harper- Collins, London (tr. it. Mondadori, Milano 1994)

J. Gooch 2011, *Mussolini e i suoi generali*, tr.it. LEG, Gorizia.

R. Graziani 1947, *Ho difeso la Patria*, Garzanti, Milano.

R. Graziani 1948, *Africa Settentrionale 1940- 1941*, Danesi, Roma.

J. Greene 1990, *Mare Nostrum. The War in the Mediterranean*, Greene, Watsonville.

J. Greene, A. Massignani 1994, *Rommel's North Africa Campaign*, Da Capo, New York.

G. B. Guerri 1998, *Italo Balbo*, Mondadori, Milano.

S. Jowett 2000, *The Italian Army 1940- 1945 [2] Africa 1940- 43*, Osprey, Oxford.

J. Latimer, J. Laurier 2000, *Operation Compass 1940. Wavell's whirlwind offensive*, Osprey, Oxford.

K. Macksey, B. Pitt 1971, *Beda Fomm: The Classic Victory*, Ballantine Books,New York.

G. Mayda 1992, *Graziani l'Africano. Da Neghelli a Salò*, La Nuova Italia Editrice, Firenze.

D. Mack Smith 1976, *Le guerre del Duce*, tr. it. Laterza, Roma- Bari.

P. Maravigna 1949, *Come abbiamo perduto la guerra in Africa*, Tosi, Roma.

A. Mollo 1981, *The Armed Forces of World War II*, London (tr. it. Ist. Geogr. De Agostini, Novara 1982).

M. Montanari 1985, *Le operazioni in Africa Settentrionale. I. Sidi el Barrani (Giugno 1940- Febbraio 1941)*, USSME, Roma.

M. Patricelli 2016, *L'Italia delle sconfitte: da Custoza alla ritirata di Russia*, Laterza, Roma- Bari.

B. Perret 1979, *Armour in Battle: Wavell Offensive*, Ian Allan, London.

B. Pitt, 1980,*The Crucible of War: Wavell's Command*. I, Johnatan Cape, London.

D.Quirico 2002, *Squadrone bianco. Storia delle truppe coloniali italiane*, Mondadori, Milano.

H. E. Raugh jr 1993,*Wavell in the Middle East: a Study in Generalship*, Brassey's, London.

P. Romeo di Colloredo 2009, *I Pilastri del Romano Impero, Le Camicie Nere in Africa Orientale, 1935-1936*, Italia storica, Genova.

P. Romeo di Colloredo 2017, *Camicia Nera! Storia militare della Milizia Volontaria per la Sicurezza nazionale dalle origini al 25 luglio*, Soldlershop, Bergamo.

G. Rochat 2006, *Le guerre italiane 1935-1943. Dall'impero d'Etiopia alla disfatta,* Einaudi, Torino.

H. Rowan-Robinson 1942, *Wavell in the Middle East*, London.

A. Santangelo 2012, *Operazione Compass, la Caporetto del deserto,* Salerno, Roma.

N. Smart, 2005, *Biographical Dictionary of British Generals of the Second World War,* Pen & Sword, Barnsley.

J. J. T. Sweet 2006, *Iron Arm: the Mechanization of Mussolini's Army, 1920-1940,* Stackpole, Mechanicsburg.

R. Tyre 1999, *Mussolini's Afrika Korps. The Italian Army in North Africa 1940-1943,* Europa Books, New York

M. Tobino 2011, *Il deserto della Libia,* nuova ed. Mondadori, Milano..

Ufficio storico dello Stato maggiore dell'Esercito 1972, *La prima offensiva britannica in Africa settentrionale,* USSME, Roma.

I. W. Walker 2003, *Iron Hulls, Iron Hearts: Mussolini's Elite Armoured Divisions in North Africa,* Crowood, Marlborough.

W. S.Zapotoczny, Jr. 2018, *The Italian Army in North Africa: A Poor Fighting Force or Doomed by Circumstance,* Fonthill, Stroud.

.

www.ingramcontent.com/pod-product-compliance
Lightning Source LLC
Chambersburg PA
CBHW081700120626

46550CB00010B/2970